키질
하던
어머니는
어디계실까?

그리운 우리 문화 마중하기

키질하던 어머니는 어디 계실까?

김영조 지음

인물과 사상사

구름 사이로 학이 날아올랐다. 한 마리가 아니라 열 마리, 스무 마리, 백 마리……. 구름을 뚫고 옥빛 하늘을 향해 힘차게 날갯짓을 한다. 불교의 나라 고려가 꿈꾸던 하늘은 이렇게도 청초한 옥색이었단 말인가. 이 색이 그토록 그리워하던 영원의 색이고 무아의 색이란 말인가. 세속 번뇌와 망상이 모두 사라진 서방정토西方淨土란 이렇게도 평화로운 곳인가.

간송 전형필 선생이 국보 제68호 '청자상감운학문매병靑磁象嵌雲鶴紋梅甁'을 보고 중얼거렸다는 말입니다. 일본인 전문 도굴꾼이 1,000원에 팔아넘긴 것을 2만 원, 무려 기와집 스무 채 값으로 뻥튀기해서 부른 값의 이 매병을 간송 선생은 한 푼도 깎지 않고 샀습니다. 그렇게 엄청난 대가를 주고서라도 일본인에게 넘어가는 것을 막았던 이 국보를 과연 한국인은 몇 명이나 보았을까요?

또한 멀리 떠나보낸 남편을 그리는 여인의 애절한 사랑 노래 정읍사를 바탕으로 만들어졌다는 음악 수제천壽齊天. 이 수제천은 세계 민속악 경연에서 최고상을 받았고, 이를 들어본 외국인들이 천상의 음악이라고 격찬했다고 합니다. 하지만 이 음악을 들어본 한국인은 몇 명이나 될까요?

그뿐만이 아닙니다. 출장 가는 소반 공고상公故床은 무엇인지, 왜 선비들은 모든 공부의 시작을 쇄소응대灑掃應對로 보았는지, 임금님 정력 보강을 위한 최고의 보양식은 무엇인지, 우리 악기 아쟁과 해금에는 어떤 차이가 있는지, 과거 시험 낙방자가 쓴 시험지 '낙복지'로 만든 누비옷은 어디다 썼는지 아느냐고 저는 감히 한국인에게 묻고 싶습니다.

우리가 살아온 역사 속에는 이러한 재미나고도 깊은 뜻을 지닌 이야기가 많습니다. 그러나 이런 이야기를 나긋나긋하게 들려주는 사람은 별로 없습니다. 어쩌다 들려주는 사람도 그 글이 어렵거나 장황하기 일쑤입니다. 그래서 시작한 것이

'날마다 쓰는 인터넷 한국문화편지' 〈얼레빗으로 빗는 하루〉입니다. 2004년부터 날마다 쓰기 시작하여 우유 배달하듯 나라 안팎의 독자에게 보내기 시작했으니 어언 9년째이고 12월 3일 현재 2,423회를 기록했습니다. 날마다 한국 문화와 전통을 소개하는 글을 쓰는 것을 보고 기네스북에 오를 일이라고 말하는 사람도 있습니다.

이렇게 쓴 글을 정리해 지난해에는 365일 하루하루에 해당하는 절기와 기념일에 맞춰, 옛사람의 하루를 따라가듯 구성한 《하루하루가 잔치로세》를 펴냈고, 이 책은 2012년 문화체육관광부 우수교양도서에 선정되었습니다. 이어서 올해는 〈얼레빗으로 빗는 하루〉의 다른 글들을 정리해 후속작으로 내놓습니다.

여기서 밝힐 것이 있습니다. 제가 9년째 쓰고 있는 〈얼레빗으로 빗는 하루〉는 김영조 한 사람이 쓰는 것이 아니라 온 나라, 아니 온 세상의 독자들이 써주는 것이라고 생각합니다. 특히 글에 맞게 맛깔스런 그림을 그려주는 한국화가 이무성 화백과 날마다 쓰는 글 한 편 한 편을 꼼꼼하게 손봐주는 한일문화어울림연구소 이윤옥 소장님께 이 자리를 빌려 고마운 마음을 전합니다. 물론 독자들의 끊임없는 관심과 사랑은 제가 쉬지 않고 글을 쓸 수 있게 해주는 용기의 샘임은 두말할 여지가 없으며 이분들에 대한 고마움은 언제나 진행형입니다.

지금 인문 서적의 출판은 참으로 어렵다고 합니다. 그럼에도 흔쾌히 아름다운 한국 문화를 널리 알려야 한다는 철학으로 책을 펴내주시는 인물과사상사 강준우 대표님께 깊이 고개 숙여 그 고마운 마음을 전하는 바입니다.

백범 김구 선생이 간절히 원했던 것 곧, 우리나라가 문화강국으로 우뚝 서는 일에 이 책이 굄돌의 하나가 되기를 기대합니다.

4345(2012년)년 저물어가는 임진년 끝자락에
서울 메주가맛골에서 한갈 김영조

옛사람은 어떻게 살았나?

풍속 편

마중물 넣어 달려온 물 아직 미지근한데

성미 급한 아버지 펌프질 재촉하신다

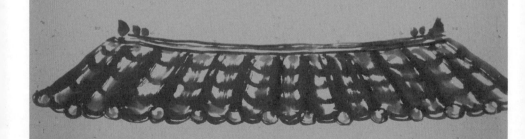

새해 처음 서는 장에서는
키를 사지 마라

키는 탈곡이 완전히 기계화되기 전까지 농가에서는 없어서 안 되는 도구였습니다. 곡물과 함께 섞여 있는 겉껍질, 흙, 돌멩이, 검부러기 같은 것을 털어내는 중요한 도구이기 때문입니다. 키로 곡물을 까불러서 이물질을 없앴지요. 키는 지방에 따라서 칭이, 챙이, 푸는체로도 부르는데 앞은 넓고 편평하고 뒤는 좁고 우긋하게 고리버들이나 대쪽 같은 것으로 결어 만듭니다.

　　나이 드신 분들 가운데는 어렸을 때 이불에 오줌을 싸면 키를 뒤집어쓰고 이웃집에 소금 얻으러 가던 기억이 나는 분들이 많습니다. 키를 쓰고 간 아이에게 이웃 아주머니는 소금을 냅다 뿌려댑니다. 그러곤 "다시는 오줌을 싸지 마라"라고 소리 지르는데 그렇게 놀래키면 오줌을 싸지 않는다고 믿었던 것입니다. 그

래도 또 이불에 지도를 그리는 아이들이 있었던 것을 보면 그리 신통한 방법은
아니었던 모양입니다.

경상남도에서는 정초에 처음 서는 장에
서는 키를 사지 않는데 키는 곡식을 까부
르는 연장이므로 복이 달아난다고 믿었
기 때문입니다. 만약 모르고 사온 경우
라면 집안어른이 키를 부수어버립
니다. 또 제주도에서는 섣달 그믐
날 키로 점을 칩니다. 부엌을 깨끗
이 치우고 키를 엎어두었다가 새
해 아침에 그 자리를 살펴봅니다.
쌀알이 떨어져 있으면 쌀이, 조가
떨어져 있으면 조가 그해에 풍년이

◉

키

들 것이라고 했지요. 또 윤달에 주부가 마루에서 마당 쪽으로 키질을 하면 집안
이 망한다고 믿었습니다. 이는 대문에서 집을 지켜주는 문전신門前神을 키질로 내
쫓는 행위가 되기 때문입니다. 이제 민속 마을에나 가야 볼 수 있는 키, 키질하던
어머니 모습이 그립습니다.

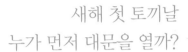

새해 첫 토끼날
누가 먼저 대문을 열까?

2011년은 신묘년辛卯年 토끼해였습니다. 토끼해의 첫 토끼날, 곧 '묘卯' 자가 들어 간 날을 상묘일上卯日이라고 했는데 첫토끼날, 톱날, 톳날, 갯날제주도이라고도 부릅 니다. 이날에는 예로부터 전해 내려오는 풍습이 많았지요.

《동국세시기東國歲時記》에 보면 "이날 새로 뽑은 실을 토사兎絲라 한다. 이 실을 차고 다니며 재앙을 물리친다. 남의 식구를 집에 들이지 않고, 나무로 만든 그릇 도 들이지 않는다. 특히 여자가 남의 집에 먼저 들어오는 것을 꺼린다"라고 하였 습니다. 토끼는 방정스러운 동물이기 때문에 이날 여자들이 남의 집을 방문하면 재수가 없어 그 집에 우환이 잦거나 또는 초상이 난다고 꺼렸지요. 그래서 부득 이 남의 집에 갈 사정이 생기더라도 오후에 가거나 또는 남자가 먼저 대문을 들 어선 뒤 여자가 따라 들어갔습니다.

첫 토끼날에는 남자가 여자보다 먼저 일찍 일어나 대문을 열어야 그해 집안 운이 좋다고 하지요. 가장家長이나 웃어른이 열면 제일 좋으나 그렇지 못할 경우 에도 남자가 먼저 열어야 합니다. 만일 여자가 먼저 대문을 열면 한 해 내내 불길 하다고 믿었습니다. 경상도에서는 대문뿐만 아니라 부엌의 솥뚜껑도 남자가 먼 저 열었지요.

토끼날에 사기그릇 · 놋그릇 · 옹기그릇을 새로 사서 들여오면 실수해서 깨지므로 사지 않으며, 이날 머슴이나 식모를 구하면 경망하고 방정맞은 사람을 두게 된다고 해서 삼갔습니다. 그리고 이날은 특히, 칼질이나 가위질, 쟁기질을 하면 토끼가 곡식을 갉아먹는다거나 날짐승들이 밭의 곡식을 쫀다고 하여 하지 않았고, 어촌에서도 바다에 고기잡이를 나가지 않았지요.

토끼의 부정적인 모습을 여성에 비유하는 이런 일들은 어디까지나 가부장적이었던 옛날에나 볼 수 있던 풍습으로 여성들이 차별로 어려움을 겪었던 시대의 이야기입니다.

부엌과 측간이 멀리 있는 까닭

옛 사람들은 집 안 곳곳에 신이 있다고 믿었습니다. 집을 다스리는 성주신을 비롯하여 부엌에 있다는 조왕신, 장독대의 터주신은 물론 심지어 측간화장실에도 신이 있다고 생각한 것이지요. 또한, 문에도 신이 있는데 이 신은 문신門神으로 문전門前 또는 수문장신守門將神이라고도 불렀지요. 특히 제주도 사람들은 이 문신이 늘 문을 지켜서 집안의 모든 일을 수호한다고 생각하여 아주 중요한 신으로 모셨습니다.

그런데 문신에게 굿을 할 때 외우는 '문전본풀이'에 따르면 "아버지는 집의 출입로에 대문 대신 가로로 걸쳐놓는 정낭의 신이 되고, 어머니는 부엌의 조왕신이 되고, 계모는 측간신이 되고, 아들 일곱 형제 가운데 첫째에서 다섯째까지는 오방토신五方土神이 되어 집터를 지키고, 여섯째 아들은 뒷문전이 되고, 똑똑하고 영리한 막내아들은 일문전마루방 앞문 신이 되었다"라고 합니다.

이 문전본풀이를 바탕으로 조왕부엌과 측간은 멀리 떼어서 지었는데 어머니부엌신와 계모측간신를 떼어놓으려는 것이지요. 그뿐만 아니라 측간의 돌 하나 나무 하나도 부엌에 가져오지 않는 관습이 있습니다. 여자들의 질투를 고려한 집의 구조도 재미나지만 위생이라는 시각으로 보면 측간과 부엌은 마땅히 떨어지는 게 좋을 일입니다.

만석지기가 스스로
중산층이 된 까닭은?

명당을 연구하는 사람들의 이야기를 들으면 명당엔 양택과 음택이 있다고 합니

경주 교동의 최 부잣집

다. 음택은 묏자리인데 좋은 자리를 잡으면 여러 대까지 복이 이어지지만, 집터를 가리키는 양택은 보통 당대에 끝이 난다고 하지요. 그러나 양택일지라도 복이 여러 대로 이어지기도 하는데 덕을 베푸는 경우가 이에 해당합니다. 300년 동안이나 만석지기로 이어온 경주 교동 최 부잣집이 대표적인 예지요. 최 부잣집의 시작은 임진 · 정유 양란 때 큰 공을 세우고 병자호란 때 싸우다 전사한 최진립1568~1636으로부터 비롯되어 1947년 대부분의 재산을 영남대 설립에 기부하고 평범한 중산층이 된 12대 최준1884~1970에게로 이어집니다.

12대를 내려오는 동안 지켜진 여섯 가지 가훈으로 "과거를 보되 진사 이상은 하지 마라, 재산은 만 석 이상 지니지 마라, 사방 백 리 안에 굶어 죽는 사람이 없게 하라, 며느리들은 시집온 뒤 3년 동안 무명옷을 입어라, 흉년에는 땅을 늘리지 마라, 과객을 후하게 대접하라"가 있습니다. 최 부잣집 1년 쌀 생산량은 약 3,000석이었는데 1,000석은 집안에서 쓰고, 1,000석은 손님에게 베풀고 나머지 1,000

석은 주변 어려운 사람들에게 나누어 주었다고 합니다. 그런 덕분에 최 부잣집은 동학혁명이 일어났을 때도 피해를 입지 않았다고 하지요.

최 부잣집은 대를 이어 어려운 이들과 함께했고, 일제강점기에는 독립운동에 큰돈을 보태 '한국의 대표적 노블레스 오블리주'로 칭송받습니다. 최준 선생은 독립자금을 댄 탓에 일본 경찰에 체포되어 고문을 받았으며, 한때 3만 석의 빚을 지기도 했었지요. 경주 최 부잣집은 만석지기였지만 은수저는 절대 사용하지 못하게 했으며 손님 대접은 후하되 집안 살림은 매우 검소했지요. 삼베옷을 삶아 옷 손질하던 시절 누덕누덕 하도 많이 기워 입어 물에 옷을 집어넣으면 옷이 불어난 탓에 솥단지가 꽉 찼다는 일화가 있을 정도입니다. 나눔의 철학을 실천한 분들을 오래도록 잊지 않고 기억해야 하겠습니다.

"유세차 상량을 하게 되어~"
상량고사 이야기

유세차維歲次 단기 4345년 12월 3일 길시를 택하여, 여기 아무개 집에서 대주남자 집주인 아무개와 그 식구들이 모여 상량을 하게 되어 천지신

명과 성주신께 상량의 마음을 표현하고자 자리를 마련하였사옵니다. 한옥 짓기에 조상의 기술을 이을 수 있도록 해주시옵고 이 과정을 통해 조상의 슬기와 지혜, 삶을 이해할 수 있도록 해주시옵고, 여기에 함께 모든 이에게 사고가 없기를 삼가 비옵나이다. 나름대로 정성껏 준비한 술과 음식을 올리니 삼가 흠향飮饗하여 주시옵소서.

집을 새로 짓고 상량식을 할 때 읊는 축문祝文입니다. 기둥 위에 보를 얹고 지붕틀을 꾸민 다음 마룻대상량를 놓을 때 올리는 고사가 상량고사지요. 한옥의 경우 마룻대를 올리면 외형은 마무리되고 이후부터는 벽을 치고 마루를 놓는 따위의 내부 공사로 들어가게 되므로, 상량을 올리는 일은 큰 고비를 넘기는 중요 행사입니다. 따라서 상량고사에는 지금까지의 노고를 자축하고 새로운 과정을 시작하는 다짐의 뜻이 포함됩니다.

상량고사를 건축 의례 가운데 가장 성대히 지내는 것도 이 때문이지요. 제물로는 떡·과일·술 따위를 마련하나, 그 내용이나 양은 주인의 살림 형편에 따라 천차만별입니다. 흔히 돼지는 머리만을, 쌀은 한 바가지쯤 떠놓으며, 무명·모시·광목 따위의 옷감을

마룻대에 쓴 상량문

바치기도 하지요. 그리고 마룻대에는 상량문上樑文이라 하여 집 지은 해달날시와
축원문 따위를 마룻대 받침도리 바닥에 써놓습니다. 또 좌우 양끝에는 '龍용'자
와 '龜구'자를 서로 마주 대하도록 써둡니다. 용과 거북은 물의 신이므로 이렇게
적어두면 화재를 막을 수 있다고 믿었기 때문이지요.

샘굿 우물치기로
다시 태어나는 마을 우물

뚫으세 뚫으세 펑펑 뚫으세
수정같이 맑은 우물 펑펑 뚫으세
조상대대 자자손손 먹고살고 먹고살고
뚫으세 뚫으세 펑펑 뚫으세

마을 공동 우물에서 우물치기를 하면서 부르는 노래입니다. 옛사람들의 식수원
은 우물이었습니다. 그런데 옛사람들은 우물을 그저 물을 퍼서 마시는 장소로만
보지 않았습니다. 고마운 우물에서 물이 잘 나오도록 하고, 물이 맑아서 마을 사

람들이 배탈 나지 않고 건강하게 살도록 해달라고 빌기도 한 것입니다. 그것을 바로 '우물치기'라고 하지요.

마을에서는 동제마을 공동의 제사를 올리기 사흘 전 마을 공동 우물을 찾아가 샘굿을 합니다. 물론 샘굿을 하기 직전에는 우물에 함부로 범접하지 못하도록 금줄을 칩니다. 그리고 우물 속에 빠져버린 끊어진 두레박이라든가 줄 따위를 말끔히 치워내고, 깨끗한 자갈을 다시 깔아둡니다. 그런 다음 풍물패들이 우물에 다다르면 상쇠가 용왕님께 축문을 외웁니다. 축문을 외우고 난 뒤 노래를 부르고 풍물을 치며, 우물을 몇 바퀴 돕니다.

우물치기
방때/2011

그러면 이 우물은 신성한 생명수의 원천으로 새롭게 태어나는 것입니다. 이 때부터는 금줄을 거두고 누구나 우물에서 물을 퍼갈 수 있습니다. 수돗물도 믿을 수 없다며 정수기를 들여놓는 사람들이 많은 것을 보면 물의 소중함은 예나 지금이나 똑같습니다. 옛날 우리 조상들의 우물치기는 깨끗한 물을 마시기 위한 슬기로움이자 물에 대한 소중함을 일깨우던 정성이 아니었을까요?

언제부터 논농사가 직파에서 모내기로 바뀌었을까?

세종은 백성이 굶주림에 시달리는 것을 보고 정초와 변효문을 시켜 《농사직설》을 펴내고 농법 개발에 심혈을 기울였지만 여전히 조선 백성은 먹을 것이 부족해 고통을 받았습니다. 물론 《농사직설》에도 직접 볍씨를 뿌리는 직파법뿐만 아니라 모내기를 하는 이앙법移秧法이 있었지만 물이 모자라고 기술 발전이 덜 되어 직파법에 의한 농사가 주였습니다.

그러다 17세기 이후 점차 이앙법으로 농사짓는 법이 바뀌기 시작합니다. 조선 중기의 문신이자 농학자 신속이 이앙법을 강조한 《농가집성農家集成》을 펴낸 뒤부터입니다. 신속이 1655년호종 6년 공주 목사로 재직하고 있을 때 농서農書를 쉽게 구할 수 없어 농민들이 어려움을 겪는 것을 보고 《권농문勸農文》, 《금양잡록衿陽雜錄》, 《사시찬요四時纂要》 등을 참고하여 이 《농사집성》을 썼는데 효종이 이 책을 보고 호피호랑이 가죽를 내려 칭찬했습니다.

직파법에 견주어 모내기를 하는 이앙법은 노동력이 적게 들고, 보리를 심어 수확한 뒤 모내기를 할 수 있어서 한 해에 두 번 농사를 짓는 이모작이 가능하다는 큰 장점이 있지요. 그래서 《농가집성》은 조선 후기 농업사 연구에 귀중한 자료일 뿐만 아니라 17세기 농업기술의 수준을 가늠할 수 있는 자료입니다. 신속은 1660년현종 2년에는 흉년이 들었을 때의 대비법을 적은 《구황촬요救荒撮要》도 썼는데 양반이면서도 백성의 아픔을 생각하는 관리요, 학자였습니다.

마중물이 필요했던 펌프는
신기한 요술단지

한낮 땡볕 논배미 피 뽑다 오신 아버지
펌프 꼭지에 등 대고 펌프질 하라신다

마중물 넣어 달려온 물 아직 미지근한데

성미 급한 아버지 펌프질 재촉하신다

저 땅밑 암반에 흐르는 물

달궈진 펌프 쇳덩이 식혀 시린 물 토해낼 때

펌프질 소리에 놀란 매미 제풀에 꺾이고

늘어진 혀 빼물은 누렁이 배 깔고 누워 있다

이한꽃 '펌프가 있는 마당풍경'

무더운 여름날 펌프가 있는 마당 풍경이 수채화 같습니다. 더 예전엔 우물물을 길어 올리는 우물가가 있었지만 지금처럼 수돗물을 쓰기 전에는 한동안 집집마다 마당에 펌프가 있었습니다. 펌프는 압력 작용을 이용하여 관을 통해 물을 퍼 올리는 기계입니다.

널찍한 마당 한 켠에 놓여 있던 펌프는 값싼 철로 되어 있어 녹물이 많이 묻어 났습니다. 그러나 마시는 물은 물론이요, 여름철엔 펌프로 달려가서 물을 퍼내어 등목을 했으며 아이들은 커다란 고무 함지 속에 물을 받아 땡볕 수영을 즐겼지요. 집안의 유용한 물 푸는 기계인 펌프는 물을 퍼 쓰고 난 뒤에는 물이 빠져버려 다음번에 쓸 때는 반드시 마중물을 넣어야 합니다. 멀리서 귀한 분이 오시면 마중을 나가는 것처럼 1970년대 우리의 마당 한 켠에서 우리에게 유용한 물을 제공하던 펌프는 마중물로 퍼 올리는 신기한 요술단지였습니다.

조선시대 큰비가 계속 내리면 기청제를 지내

지금도 큰비가 내리면 재산 손실이 나거나, 사람들이 다치거나 죽는 일이 생깁니다. 천재지변이라지만 참으로 안타까운 일입니다. 《조선왕조실록》을 보면 조선 시대에도 큰비를 뜻하는 '대우_{大雨}'라는 낱말이 무려 960번 나오며, 비가 오지 말게 해달라고 하늘에 비손하는 '기청제_{祈晴祭}'라는 낱말도 225번이나 보입니다.

우선 큰비가 왔다는 예를 보면 세종 9년_{1427년} 큰비가 내려 경북 상주에서 산사태가 나 묻혀 죽은 사람이 7명, 떠내려간 집이 43채이고, 선산·의성·함창·군위에서 떠내려가 죽은 사람이 23명, 산사태 난 곳이 무려 6,779군데나 된다고 나옵니다. 지금도 비가 오면 전쟁터를 방불케 할 만큼 아수라장이 되지만 그때는 더욱 처참했을 것입니다. 그래서 비가 계속해서 내리면 기청제를 지내지요. 특히 벼가 익어갈 무렵 오랫동안 내리는 비는 임금이 크게 걱정할 정도였습니다.

《태종실록》36권_{1418년 8월 7일자}에 "예조에서 아뢰기를, '백곡_{百穀}이 결실할 때인 지금 오랫동안 계속해서 비가 내리니, 8일에 기청제를 행하소서' 하니, 그대로 따랐다"라는 기록이 있습니다. 기청제를 하는 동안에는 성 안으로 통하는 물길을 막고, 성 안의 모든 샘물을 덮으며, 물을 쓰면 안 되는 것은 물론 소변을 보아서도 안 되었습니다. 기청제 전날 밤에는 비를 섭섭하게 하는 일체의 행위는 금지되는데 심지어 부부가 각방을 써야 했습니다. 또 이날 음_陰인 부녀자는 시장 나들이를 일절 금하고, 제사를 지내는 곳에는 양색_{陽色}인 붉은 깃발을 휘날리고 제주_{祭主}도 붉은 옷차림을 해야 했습니다. 그리고 양방_{陽方}인 남문_{南門}을 열고 음방_{陰方}인 북문은 닫았습니다. 큰비에 백성이 피해를 볼까 걱정하는 임금의 마음이 느껴지나요?

막 치른 큰 난리 뒤에
여염에서 비단을 두르다

아, 큰 난리 뒤에 백 가지 물건이 조폐凋弊하였으니 몸을 가리고 배를 채우는 것만도 다행이라 할 것인데 근년 이래로 풍속이 사치를 숭상하고 복식服飾의 아름다움을 자랑하여 여염에 비단옷이 찬란하고 천한 창기들에게 주취珠翠가 현란합니다. 피차가 서로 숭상하여 절제할 줄을 모르니 이때가 어느 때이기에 사치의 심함이 감히 이럴 수가 있겠습니까? 사람이 경계하지 않는데 어찌 하늘이 화禍를 뉘우치겠습니까. 사치하는 풍습도 천재天災를 부르는 하나의 단서가 됩니다.

《선조실록》 212권 1607년 6월 3일자 두 번째 기록에 보이는 '사간원 상소문' 입니다. 여기서 큰 난리란 임진왜란·정유재란을 말합니다. 이 상소문에서는 나라의 변란이 끝난 지 10여 년이 되어가는 데도 전쟁 중에 입은 종묘사직의 폐해도 다스리지 못하고 있음을 안타까이 여기면서 대다수 백성은 굶주림을 모면하기도 바쁜데 일부 부유층에서 현란한 옷을 차려입고 구슬로 치장하는 사치가 심함을 우려합니다. 그러면서 한편으로 신하로서 임금을 제대로 모시지 못하는 자신들에 대한 깊은 통찰이 이어집니다.

"신들은 모두 무상한 몸으로 간직諫職에 있으면서 영합迎合하기만 하고 입을 다물고서 구차히 자리만 채우고 하는 일 없이 날짜만 보내고 있었으므로 이런 절박한 재변을 만났습니다. (중략) 전하께서 살피시어 고질화된 폐단을 통렬히 개혁하시고 실효가 있도록 힘쓰시고, 엄정嚴正하면서도 지성으로 신神을 감동시킨다면 재변을 만나 수성修省하는 도리에 조금의 도움은 없지 않을 것입니다"라는 말로써 무능한 자신들을 질책하고 개혁을 하라고 합니다. 과연 신하들의 상소대로 되었는지는 알 수 없지만 요즘처럼 치솟는 물가에 허덕이는 서민들로서는 400여 년 전 임금에게 개혁을 하라고 상소를 올린 신하들의 목소리가 부럽기만 합니다.

부엉이가 울고 지진이 나면
해괴제를 지냈다

동북면東北面 길주吉州 명간령明間嶺의 잉읍암仍邑巖에 돌이 있는데, 그 우는 소리가 종소리와 같았다. 사신을 보내어 해괴제解怪祭를 지내게 했다.

《태종실록》 3권, 2년1402년 1월 1일자에 있는 기록입니다. 이렇게 옛사람들은 이해

할 수 없는 일이 생기면 '해괴제'라는 제사를 지내 신들을 달래려고 했지요. 《조선왕조실록》의 기록을 보면 지진, 해일 같은 재앙은 물론 노루나 표범이 한양 도성 안에 들어오거나 벼락이 떨어져 사람이 죽었을 때 또는 바닷물이 붉어지는 적조 현상이 생겼을 때도 해괴제를 지냈습니다. 그뿐만 아니라 기형 송아지가 태어나거나 부엉이가 울어만 대도 해괴제를 지냈으며 태종 5년1405년 4월 19일에는 삼사동 구리정에서 나흘 동안 맷돌 가는 소리가 난다 해서 해괴제를 지냈다는 기록이 있습니다.

《고려사高麗史》 현종 14년1023년 5월조에 "금주金州 (김해)에 지진이 있었다. 이때부터 지진이 발생한 지역에 해괴제를 지내기 시작했다"라는 기록을 보면 이미 고려 때부터 해괴제가 시작되었던 것을 알 수 있습니다. 조선시대 성종은 지진이 나자 "이달 9일에 경성에서 지진이 있었는데, 그 지진이 일어난 까닭을 생각해보니 잘못은 진실로 나에게 있으므로, 매우 간절하게 두려움을 느낀다"라고 했습니다. 임금의 부덕함 때문에 재앙이 생긴 것이라고 여겼던 것이지요. 자연재해와 정치는 무관한 것이지만 올바르지 않은 마음가짐으로 인해 재앙이 일어났다고 보는 지도자들의 자기 성찰이 인상적입니다.

목로주점과
색주가를 아십니까?

경북 예천에서 작은 주막집인 삼강주막을 꾸려가던 유옥련 할머니가 2006년 노환으로 돌아가시자 세상에서는 할머니를 '라스트 주모'라고 부르며 관심을 보였고 언론에서도 이를 크게 보도했던 적이 있습니다. 유옥련 할머니의 넉넉한 인심이 깃든 주막이 사라질 위기에 처하자 그 지자체에서는 할머니의 주막을 복원해 민속 자료로 보존키로 했다는 보도도 뒤따랐습니다.

한국인은 술 마시고 노래하길 좋아합니다. 노동요를 부르며 일을 하고 한 사발의 막걸리로 노동의 고단함을 이웃과 함께 풀 줄 알았습니다. 여기에 더불어 선비들도 심오한 학문을 닦으면서도 시와 음악을 곁들일 줄 아는 삶을 살았습니다. 음주가무라는 말은 요즈음 약간 변용된 말로 쓰이고 있으나 조선시대만 해도 술은 귀천을 막론하고 백성들이 가까이하던 삶의 동반자였습니다. 그만큼 곳곳에는 술을 파는 집들이 다양한 형태로 존재했지요.

술집으로는 널빤지로 좁고 기다랗게 만든 상, 곧 목로에 안주를 늘어놓고 술을 파는 목로주점이 있었으며 좀 독특한 술집으로 내외술집도 있었지요. 내외술집은 중인 이상 집안의 아낙네가 남편이 죽으면 호구지책으로 술집을 운영했는데 이때 주모가 술상을 마루에 살짝 올려놓고 가버리면 남정네들은 스스로 술상을 가져다 먹었습니다. 바로 내외하는 것이지요. 그밖에 사발로 막걸리를 파는 사발막걸리집, 술 찌꺼기를 걸러 만든 모주를 파는 모주집, 아낙네를 끼고 술을 마시는 색주가방석집도 있었지요. 물론 그에 견주면 고급 사교 술집인 기방은 좀 다른 곳이었습니다. 전통주가 사라진 것처럼 지금은 이런 술집도 찾아보기 힘듭니다.

옛사람의
홍역 물리치기, 마마배송

지금은 별 거 아닌 전염병인 홍역마마에도 옛날에는 쩔쩔매곤 했습니다. 그도 그럴 것이 의술이 발달하지 않은 때라 홍역이 마을을 쓸고 지나가면 여러 아이가 죽어나갔기 때문입니다. 그래서 아이가 홍역을 앓게 되면 온 정성을 들여야 병이 낫는다고 생각한 건 당연한 일이었지요.

　마마신이 찾아와서 홍역에 걸린다고 생각하던 옛날 사람들은 '벼슬떡'을 해

서 마마신이 잘 가시라고 '마마배송'을 했습니다. 아이들 얼굴에 '꽃홍반'이 어느 정도 아물면 떡을 조금 떼어 짚으로 싸서 밖에 내놓습니다. 또 세 갈래 길에 짚을 십자 모양으로 깔아놓고 떡을 올려놓습니다. 이를 벼슬떡이라 불렀고, 마마신이 가기 전에 떡을 잘 먹고 가시라고 비손하는 이 행위를 마마배송이라 했지요.

또한 홍역에 걸리지 않은 아이가 이 떡을 주워 먹으면 곧바로 홍역을 치른다고 하고, 만일 아이가 홍역에 걸리면 아이가 하자는 대로 해야 탈이 없다고 믿었습니다. 아이가 초상집에 가자고 해도 그대로 따라야 했지요. 이제는 홍역을 앓아도 마마신이 들렸다고 생각하는 사람은 없습니다. 하지만 당시의 상황에 따른 옛사람들의 어려움을 이해한다면 그런 문화도 충분히 이해할 수 있을 것입니다.

1930년대 쌀라리맨의
수입은 얼마였을까요?

요즘 직업별 수입은 얼마나 될까요? 2010년 노동부에서 발표한 '작업별 연봉 순위'에서 1위를 한 도선사의 연봉은 1억 5,000만 원 정도라 합니다. 안과의사, 대학 총장, 변호사가 그 뒤를 잇습니다. 일반 의사는 저 뒤 65위에 있으며, 검사는

92위, 비행기 승무원은 96위인 3,380만 원으로 사람들의 생각보다는 적습니다. 그러면 1930년대에는 어땠을까요? 1936년 1월 1일에 발행된 잡지 《삼천리》 제8 권 제1호에는 "현대 쌀라리맨의 수입조"라는 항목에 다음과 같은 기사가 보이는 데 요즘 말로 표기를 고쳐보면 다음과 같습니다.

- 가수: 전속 가수나 되면 월급 60원 이외에 인세와 특별출연에서 수입 되는 것을 합하면 100원 정도는 됩니다만 옷을 해입고 사교에 써야 하니 밑지고 다닙니다.
- 뻐스껄: 1일 수입은 75전이고 노동시간은 10시간인데 어머니와 동생과 세 식구가 살아가기에는 부족합니다.
- 여직공: 하루 수입 45전 노동시간 오전 7시부터 오후 5시까지 1개월 기 숙사비 9원 주고 그 나머지는 옷을 해 입습니다.
- 의사: 월급 의사면 100원은 보통이고 개업하면 현금 수입 300원 이상 은 됩니다.
- 인력거부: 잘해야 하로 50전 벌지요. 비나 오면 돈 1원씩이나 생깁니다. 많이 벌면 많이 쓰고 벌지 못하면 굶는 것밖에 없습니다.
- 두부장사: 하루 잘해야 30전 생기지요. 소리 지르고 돌아다니자니 막 걸릿잔이나 먹어야지요.

지금은 사라진 뻐스껄버스 안내양, 인력거부 같은 직업이 새삼스럽습니다. 이 기사를 보면 당시에도 의사는 돈을 많이 법니다. 재미있는 것은 가수인데 수입이 괜찮다는 전속 가수도 옷 해 입고, 많은 사람을 만나야 하므로 늘 회사에 빚을 진다고 말합니다. 특히 뻐스껄의 수입은 세 식구 생활비에 모자란다고 하며, 여직공은 기숙사비 주고 나면 나머지는 옷을 해 입을 정도의 돈밖에 남지 않는 등 당시에도 상위 계층과 하위 계층의 수입 차이가 컸습니다. 자본주의 사회에서는 빈부의 격차가 있기 마련이지만, 일제강점기였던 당시는 더욱 격차가 심했을 것입니다. 가난한 사람이 없는 세상, 부자와 가난한 이들의 격차가 줄어드는 세상은 언제 오려는 것인지요.

쿵덕쿵덕 맞공이질로
방아를 찧어보세

백결百結 선생은 신라 때 경주 낭산 아래 마을에 살았던 사람이다. 백결이란 이름은 가난하여 언제나 누덕누덕 기운 누더기를 걸치고 다니는 것을 보고 사람들이 지어 부른 이름이다. 백결 선생은 기쁠 때나 슬플

맞공이질 하는 아낙네들

때나 늘 거문고로 마음을 달래며 살았다. 그러던 어느 해 섣달그믐께 이
웃에서는 절구에 떡을 찧는 소리가 한창인데 백결 선생 집에서는 떡쌀
이 없어 떡을 찧을 수가 없었다. 부인이 슬퍼하며 정월 초하루를 무엇으
로 맞을 것인가 하고 한탄했다. 그러자 백결 선생은 거문고로 떡방아 소
리를 내어 부인의 슬픔을 달래었다.

《삼국사기》 열전에 나오는 글입니다. "쿵덕쿵덕" 옛날 가정에서는 수확이 끝난
뒤나 명절을 앞둔 때 곡식을 빻는 공이질 소리가 구성지게 들렸습니다. 이때 쓰
는 절구는 사람 힘으로 곡식이나 메주, 떡을 찧거나 양념을 빻을 때 사용하는 것
입니다. 지방에 따라 도구, 도구통, 절기방아, 방애제주도라고도 합니다. 절구는 재
료에 따라 나무절구, 돌절구, 무쇠절구가 있지요. 절구는 보통 두 사람이 맞공이

질을 할 수 있도록 두 개의 절굿공이가 딸려 있습니다.

절굿공이는 대개 긴 나무를 깎아 매끄럽게 만드는데, 손잡이가 되는 가운데 부분은 가늘고 양쪽 끝 부분은 두툼하고 둥급니다. 나무절구에는 나무공이를 쓰지만, 돌절구나 무쇠절구에는 돌공이, 무쇠공이를 쓰지요. 양이 많을 때는 나무 공이보다는 돌공이를 씁니다.

방아를 찧을 때 곡식을 나무절구에 넣고 사람 둘이 '쿵덕, 쿵덕' 박자를 맞추듯 소리를 내며 번갈아 맞공이질을 합니다. 찧는 곡물이 밖으로 튀어나오지 않도록 조심스럽게 빻는데 공이질 하는 사람 곁에는 곡식이 골고루 빻아지도록 절구질 사이사이 잽싸게 손을 넣어 뒤집어 주는 사람이 있지요. 절구를 통해 우리 옛 살림을 더듬어봅니다.

전차가 운행을 시작하다

1899년 5월 17일 서대문−종로−동대문−청량리홍릉의 9.7킬로미터 구간에 조선 최초의 전차가 다니기 시작했습니다. 이 전차는 1898년 1월 고종이 홀로 돈을 내 설립한 조선 최초의 전기회사인 한성전기회사가 들여온 것입니다. 한성전기회사를 실제 운영했던 미국인 콜브란은 기공식 초청장에서 "대중이 익숙해질 때까지 전차의 최고 속도는 시속 5마일8킬로미터로 운행할 것이며, 그 뒤로도 시속 15마일24킬로미터은 초과하지 않을 것"이라고 약속했습니다.

하지만 정작 전차가 다니기 시작한 날로부터 아흐레 뒤인 26일에 전차가 종로 거리를 지나다가 다섯 살 난 아이를 치어 죽였지요. 그러자 그 일을 본 백성은 전차를 부수고 기름을 뿌려 불태웠습니다.

그뿐 아니라 전차가 뒤집혀 죽거나 다친 사람도 생기자 고종이 명을 내립니다. "방금 들으니, 전차가 지나갈 때 백성이 죽거나 다쳤다고 하니, 매우 놀랍고 참혹하다. 낱낱이 찾아내어 구휼금을 넉넉히 줌으로써 조정에서 근심하고 측은하게 여기는 뜻을 보여주도록 하라. 또 의정부議政府에서는 농상공부農商工部, 경무청警務廳, 한성부漢城府에 단단히 알려, 법을 만들어 보호하고 전차를 운전할 때는 반드시 사람들이 철길에 들어오지 않았는가 살펴서, 다시는 차에 치여 다치는 폐단이 없도록 하라." 시속 8킬로미터로 운행한 조선 최초의 전차를 시속 300킬로미터를 달리는 KTX에 견주면 격세지감입니다.

'오줌싸개 시간표' 와
재미난 치료법

할머니 담뱃불이 날라와 내가 만든 소꿉놀이 초가집에 불을 놓았습니다. 후 후 입을 대고 불어도 안 꺼집니다. 조갑지에 물을 퍼다 끼얹어도 자꾸 탑니다. (중략) 불 끄는 꿈을 꾸다가 오줌을 쌌어요. 누가 옆에서 냉큼 일어나 키 쓰고 소금 받아오라고 소릴 꽥 지르기에 눈을 떠보니까 어유 엄마야…

참 재미난 글입니다. 위는 '퐁당퐁당', '도리도리짝짜꿍', '낮에 나온 반달' 로 잘 알려진 윤석중의 '오줌싸개 시간표' 라는 글로 1932년 11월 5일자 《동아일보》에 실린 글입니다. 어린 시절 오줌을 싸본 경험이 있는 분들은 '맞아 맞아' 하실 겁니다. 오줌 싼 날은 꼭 물 꿈을 꾸었던 기억이 웃음을 자아냅니다. 지금 아이들은 오줌도 덜 싸고 코 흘리는 아이도 없지만 예전에는 오줌싸개들도 많았고 다들 누렁 코도 달고 살았습니다.

　1929년 11월 19일자 《동아일보》에 보면 '오줌싸개' 치료법으로 조기같이 짠 생선류는 주지 말 것, 물은 오후부터 자기 전까지 주지 말며, 세끼 따뜻한 것을 먹일 것, 지방분이 많은 것을 먹이고 염분기가 많은 졸임 반찬은 먹이지 말 것 같은 조언을 해주고 있습니다. 그런데 오후부터 물을 주지 마라는 것은 좀 심한 일 같습니다. 그러고도 오줌을 싸면 키를 씌우고 이웃으로 보냈지요. 오줌싸개가 키를 쓰고 이웃집에 소금을 얻으러 가면 이웃집 할머니는 "다시는 오줌을 싸지 마라"라는 말과 함께 소금을 냅다 키에 뿌리며 놀라게 합니다. 키는 곡식의 불순물을 골라내는 도구이니 아이의 오줌 싸는 버릇도 불순물 골라내듯 날려 보내고 싶어서 그랬던 것이 아니었을까요? 지금은 집에 키도 없을뿐더러 꽁꽁 잠긴 이웃 아파트 문도 두드릴 수도 없는 형편이지만 옛날 오줌싸개들에게는 이런 추억이 있었습니다.

술은 백성이 살아가는 힘, 이를 금하지 마라

《조선왕조실록》에는 주금酒禁, 곧 금주령에 관한 내용이 무려 249건이나 나옵니다. 조선시대 백성들이 술 마시기를 즐겼고, 그만큼 폐단도 많았던 모양입니다. 금주령은 평상시에도 내리지만 특히 가뭄 같은 나라에 어려운 일이 있을 때 반성하는 뜻으로 내리는 일이 많습니다. 하지만 성종 때에는 신하들이 금주령에 구애치 말고 기로연昏老宴(경로잔치)을 열자고 하니 임금이 이에 따랐다는 내용도 있습니다.

《세종실록》 39권, 10년1428년 3월 24일자 기록에 보면 금주령을 내리자는 황보인 등의 상소에 대하여 세종은 "내가 술을 들지 않고 금한다면 옳으나, 위에서는 금주하지 않으면서 다만 밑으로 백성만 못 마시게 한다면 이를 어기는 사람이 반드시 많을 것이며, 법적 다툼이 생겼을 때 번거로울 것이다. 더군다나 처벌을 가볍게 하고 금주령을 늦추는 것도 또한 가뭄에서 벗어나는 한 가지 정책이다"라고 하며 신하들의 금주령 주장에 반대합니다. 잘 지켜지지 않을 금주령을 내리면 오히려 벌 받는 사람만 많아질 것이라는 것이지요.

그뿐만 아니라《영조실록》 23권, 5년1729년 8월 20일자 기록을 보면 금주령을 거둬들이도록 한 사실도 있습니다. "검토관 유엄柳儼이 아뢰기를, '술이 비록 곡식을 허비하지만, 백성이 살아가는 길이 또한 이를 힘입는 수가 많습니다. 또 오부五部에서 수색하여 고발할 때의 폐단이 매우 심하니, 이제부터는 단지 술주정하는 것만 금단하게 하고 수속收贖(벌 받는 대신 돈을 바치는 것)하지 말도록 하며, 술 항아리를 수색해서 고발하는 폐단을 없애는 것이 좋을 듯합니다' 하니, 임금이 '주금을 없애고 술주정하는 것만 금하도록 하라' 하였다"라고 나옵니다. 세종과 영조의 지극한 백성 사랑을 느끼게 해주는 대목입니다.

어느 가난한 총각이 첫날밤에
신부에게 한 말

1. 친가는 부유햇드래도 시가는 빈한하닛가 우리 집에 가면 반듯이 호미 자루를 잡고 밧고랑에 나가야 할 것이요.

2. 가난한 집에라도 가난한 그대로의 가풍과 사정이 따로 잇는 것이닛 가. 그것을 잘 알어서 맞추어 나가야 할 것.

3. 셋재는 나는 한평생을 집구석 방속에 가만히 부터잇슬 사람이 안이요

집과 처자를 던져두고 밧그로 도라단일 때가 만흘 것이니 그것을 각오하여야 한다 하고 다짐을 밧엇습니다.

《별건곤》 제16 · 17호 1928년 12월 1일자의 '명사숙녀결혼초야의 첫 부탁, 첫날밤에 무엇을 말햇나' 가운데 '참말로 첫날밤에' 라는 글 일부입니다. 결혼 첫날밤에 무슨 말을 했는가에 대한 설문조사에 대해 가난한 신랑 조재호가 했다는 말이지요.

조재호는 부잣집에 청혼을 했다가 거절당했는데 뒤에 그 부잣집이 다시 청혼을 해오자 위와 같이 선언했다는 것입니다. 신부가 중매 들어온 다른 혼처는 싫고 처음 얘기된 자신에게만 마음이 뺏겼음을 알고 목에 힘이 들어간 것이지요. "가난한 집이라도 가풍" 이 있다는 말에는 당당함이 넘치지만 "처자를 두고 밖으로 돌아다닐 일이 많다" 는 선언은 지금 같으면 꿈도 못 꿀 일입니다.

계절마다 새 불을 쓰면
음양의 기운이 순조로워

역질을 쫓기 위하여 포砲를 쏘는 것은 벽사辟邪 하는 것이니, 어찌 세시歲

時에만 할 것인가. 사시四時 개화改化 할 때에도 아울러 행하는 것이 무방할 것이다. 역질을 쫓는 사람의 복색은 봄에는 푸르게, 여름에는 붉게, 가을에는 희게, 겨울에는 검게 절후에 따라 바꿔 입게 하되, 세시에는 네 가지 색깔을 같이 쓰게 하라.

《연산군일기》 60권, 11년1505년 12월 24일자 기록입니다. 또 《동국세시기》에 "청명淸明 날 버드나무와 느릅나무를 비벼 새 불을 일으켜 임금에게 바친다. 임금은 이 불을 정승, 판서, 문무백관과 360명의 고을 수령에게 나누어준다. 이를 사화賜火라 했다"라는 내용이 보입니다. 그런데 '사화' 말고 '개화改火'라는 행사도 있었습니다. 개화는 중국의 《주례周禮》에서 비롯된 풍습으로, 계절마다 불을 새로 만들어 쓰면 음양의 기운이 순조롭게 되고 질병을 피할 수 있다고 믿었지요.

내병조內兵曹(병조에 딸린 관청)와 각 지방 관청에서는 해마다 입춘, 입하, 입추, 입동과 토왕일土旺日(입추 전 18일 동안)에 나무를 비벼 새 불을 만들어 각 궁홀에 보냈으며, 모든 대신의 집에도 나누어 주었습니다. 입춘에는 버드나무판에 느릅나무로, 입하에는 살구나무판에 대추나무로, 토왕일에는 산뽕나무판에 뽕나무로, 입추에는 싸리나무판에 가락나무로, 입동에는 박달나무판에 느티나무로 불을 일으켰다는 기록이 보입니다. 오늘날은 전기와 가스의 등장으로 개화 풍습은 옛날이야기가 되었지만 옛사람들이 불을 새로 지피며 새로운 마음을 가다듬던 정신만은 기억했으면 합니다.

근친혼은
언제부터 금지되었을까?

옛사람이 이르기를, '같은 성끼리 결혼하면 자손이 번성하지 못한다' 했
는데, 왕씨王氏가 500년 동안이나 오래도록 임금이 되었는데도 후계자를
정하지 못하였은즉, 혹 그런 이치도 있는 듯하였다. 성인의 제도를 지나
쳐서도 안 될 것이요, 못 미쳐서도 안 될 것이다. 본조에 와서 결혼의
예법이 처음으로 바로잡히어, 다른 성도 5, 6촌에서는 혼인을 하지 못하
게 마련하였으니 좋은 풍속이라고 할 수 있다.

《세종실록》 50권, 12년1430년 12월 18일자 기록으로 세종이 신하들과 고려조 동성
사이 혼인 풍속에 대해 이야기한 내용입니다. 《삼국지》 위지 동이전 부여조에는
형이 죽으면 동생이 형수를 아내로 삼았다는 기록이 있으며, 신라 41대 헌덕왕은
4촌 누이동생과 혼인하는 등 근친혼은 오랜 풍속이었습니다. 또 고려 임금들도
고려 전 시대를 통틀어서 63건의 동족 혼인을 했을 정도로 근친 사이의 혼인은
예사였지요.

그러다가 고려 10대 정종 임금 때부터 근친 사이의 혼인을 금하기 시작하여
조선시대에 들어오면 본격적으로 근친 사이의 혼인은 할 수 없게 되지요. 조선

초부터 '배불유양', 곧 불교를 억제하고 유교를 숭상하면서 중국 명나라의 형법전인 《대명률직해大明律直解》를 들여와 나랏법의 바탕을 삼았는데 이에 따라 동성혼을 엄격하게 금하기 시작한 것입니다.

등짐장수와 봇짐장수의 고달픈 삶을 아시나요?

새우젓 사려 조개젓 사려

초봄에 담은 쌀새우는 세하젓이요

이월 오사리는 오젓이요

오뉴월에 담은 젓은 육젓이요

갈에 담은 젓은 추젓이요

겨울 산새우는 동백젓이요

이 노래는 이 장터 저 장터로 옮겨다니며 장사를 하던 보부상의 '새우젓 타령' 입니다.

국립중앙박물관 소장

단원 김홍도의 '부부행상'

　보부상褓負商은 보상褓商, 곧 봇짐장수와 부상負商, 곧 등짐장수를 아울러 이르는 말이지요. 등짐장수는 나무, 그릇, 옹기, 젓갈 같은 것을 지게에 지고 다니면서 팔던 사람이고, 봇짐장수는 이와 달리 비교적 값비싼 필묵, 귀금속과 같은 정밀한 세공품細工品을 보자기에 싸서 들고 다니거나, 질빵에 걸머지고 다니며 팔던 사람을 말합니다.

이들 보부상은 옛날 농업생산자·가내 수공업자·시장상인들과 소비자 사이의 물물 교환을 매개하던 장돌뱅이^{행상}였으며, 대개 하루에 왕복할 수 있는 정도의 거리를 표준 삼아 형성되어 있는 시장을 돌면서 장사를 했습니다. 이처럼 장돌뱅이는 한 곳에 터를 잡아 살지 못하고 타향을 떠돌며 살아가야 하는 운명을 짊어진 사람들이었습니다. 부초처럼 떠다니는 불행한 삶을 살았던 장돌뱅이들의 애환을 헤아려볼까요?

조선시대
가난한 백성은 무얼 먹고살았나?

해주 인민들이 흙을 파서 먹는 자가 무릇 30명이나 되었으며,
장연현에서는 두 사람이 흙을 파서 먹다가 흙이 무너져 깔려 죽었다.

《세종실록》 26년_{1444년} 4월 26일자 기록입니다. 얼마나 먹거리가 없으면 흙을 먹었을까요? 조선시대에 일부 사대부가는 호화롭게 음식을 장만하여 먹기도 했지만 대부분의 가난한 백성은 이렇게 가뭄과 큰비로 흉년이 들면 먹을 것이 없어

흙까지 먹을 정도로 힘든 삶을 살았습니다.

《조선왕조실록》에는 이런 백성의 굶주림에 관한 이야기가 자주 등장합니다. 가장이 먹고살 것이 없자 자살하거나 식구를 버리고 도망간 것은 물론 자식을 팔아 끼니를 이었다는 기록이 보입니다. 또 먹을 게 없어 목화씨를 먹고 죽었다는 기록도 있으며, 심지어 사람을 죽여서 그 고기를 먹었다는 기록도 나옵니다.《영조실록》에 보면 가난한 백성을 구제하는 기관인 경상도 진휼장賑恤場에는 굶은 백성이 17만 9,865명, 떠도는 거지가 1만 1,685명, 사망자가 1,326명이었다는 기록이 있을 정도로 굶주리는 백성이 많았습니다.

흉년 따위로 기근이 심할 때 백성들을 굶주림에서 벗어나도록 도움을 주는 먹거리를 구황식물이라고 합니다. 우리나라에 자생하는 구황식물은 무려 851종이고, 농가에서 평소에 먹는 것만도 304종이었습니다. 그 가운데 소나무 껍질, 솔잎, 솔방울, 도라지, 칡, 도토리, 달래, 느릅나무 잎, 개암 따위는 사람들이 많이 먹는 구황식물이었지요. 지금은 먹거리가 흔해져 소나무 껍질 같은 것은 먹지 않지만, 아직도 어려운 이웃들이 있음을 기억해야 할 것입니다.

조선시대
돌잔치 모습은 어땠을까?

의학이 발달하지 않았던 옛날에는 아이가 태어나 1년을 못 넘기고 죽는 경우가 많았습니다. 그래서 첫돌이 되면 죽을 고비를 넘긴 것을 기리기 위해 돌잔치를 했습니다. 돌잔치를 할 때는 돌상을 차리고 돌잡이를 하는데 아이가 맨 처음 잡는 물건에 부모들은 물론이고, 잔치에 참석한 사람 모두의 눈이 쏠리지요. 요즘에는 청진기, 판사봉, 축구공, 골프공 따위를 올려놓기도 하는데 시대상을 반영하는 물건들이라고 할 수 있습니다.

그러면 조선시대에는 어떻게 돌잔치를 했을까요? 김홍도의 그림 '모당 홍이당 8첩 평생도' 가운데 '돌잔치'라는 것이 있습니다. 여기서 돌잡이 풍경을 엿볼 수 있습니다. 조선시대에는 사내아이냐 계집아이냐에 따라 돌상에 올리는 물건이 조금 차이가 납니다. 책·붓·벼루·먹·흰 실타래·대추 따위는 공통으로 오르지만, 활과 장도는 사내아이의 돌상에, 바늘·가위·인두 따위는 계집아이의 돌상에 올랐습니다. 이때 사내아이가 활과 장도를 먼저 잡으면 무관이 되리라 예측하고, 계집아이가 바늘이나 가위를 먼저 잡으면 바느질 솜씨가 좋으리라 여겼지요.

요즈음은 대형 뷔페에서 많은 사람을 초대하여 돌잔치를 하는 것과 달리 이

국립중앙박물관 소장

●

김홍도의 '돌잔치'

그림에는 돌잔치에 참석한 사람이 그다지 많지 않습니다. 아이 돌잔치에 많은 사람이 와서 축하해줘야 체면이 선다고 생각하는 요즘 정서에 비추면 지체 높은 벼슬을 한 집안의 돌잔치가 겨우 이 정도라는 것은 이해가 되지 않지요. 또한 옛날에는 아이가 태어나서 21일째 되는 삼칠일에 겨우 친척과 이웃에게 얼굴을 보여주었고 돌잔치도 친척들만 모여 조촐하게 지내는 것이 상례였습니다. 옛사람들의 소박한 돌잔치 문화를 보고 배워야겠습니다.

조선시대
의금부와 포도청의 차이

사극을 보면 죄인을 다루는 의금부義禁府와 포도청捕盜廳이 종종 등장합니다. 의금부와 포도청의 차이는 무엇일까요? 1485년성종 16년 편찬되어 조선시대 법령의 기본이 된《경국대전經國大典》과 1865년고종 2년 편찬된 조선시대 마지막 법전《대전회통大典會通》을 통해 그 차이를 알아봅니다.

먼저 의금부는 조선시대 사법기관으로 금오金吾, 왕부王府, 조옥詔獄이라고도 했지요. 의금부는 임금의 명을 받들어 주로 대역죄를 저지른 중죄인을 다스리던 기관으로 신문 결과에 따라서 사약 또는 귀양, 유배 같은 판결이 났습니다.

그에 견주면 포도청은 조선시대 경찰서인데 포청捕廳으로 줄여서 말하기도 합니다. 포도청은 주로 도적과 간악한 소인을 체포하는 기관으로 구역을 나누어 야간에 순찰하는 임무를 맡았습니다. 포도청은 좌포도청과 우포도청으로 나누어, 좌포도청은 한성부의 동부 · 남부 · 중부와 경기좌도京畿左道 일원을 맡았고, 우포도청은 한성부의 서부 · 북부와 경기우도京畿右道를 맡았습니다.

의금부는 임금 직속 기관이며, 그 우두머리는 종1품 판사인 데 견주어 포도청은 병조의 아래 기관으로 그 우두머리는 포도대장으로 종2품이지요. 그밖에 내금위內禁衛라는 기관도 있는데, 이는 임금 곁에서 호위를 맡은 군대입니다. 오늘날

제도로 맞춰보면 의금부는 대법원, 검찰청, 국가정보원쯤이고, 포도청은 경찰청, 내금위는 대통령 경호실쯤 되지 않을까요?

일제강점기에도 청소년 가출이 있었나?

해마다 요맘때면 입학시험으로 인한 별별 희비극이 만히 연출되는바 금년에도 발서 이런 류의 사건이 만흔중 특히 평원의 김동식(17-가명), 경성의 윤칠복(17-가명), 동군의 최정환(17-가명) 등 꼭가튼 17세 소년은 지난달 상순경에 경성에 와서 부내 모 고등보통학교의 입학시험을 보다가 실패를 한 후 집에 도라갈 면목이 업서 멀리 만주 방면으로 다러나기로 하엿스나 려비를 구출할 수가 업서서 지난 3일 세 소년은 공모하고 삼월백화점에 가서 물품 수십여 가지를 절취하여 가지고 이를 입질入質하려다 경찰에 발각되야 엄중한 취조를 밧는 중이라 한다.

《별건곤》 제72호,1934년 4월자에 실린 글입니다. 청소년들이 보통고등학교 입학시험에 떨어지자 집에 돌아갈 면목이 없어 만주로 달아나기 위한 여비를 만들려고 백화점에서 물건을 훔친 다음 이를 저당잡히고 돈을 빌리려다가 경찰에 걸린 것입니다.

일제강점기에도 학업에 대한 막중한 부담은 현재와 다르지 않았나 봅니다. 기대감이 큰 부모님 뵐 면목이 없어 멀리 도망가고 싶은 마음뿐이지만 여비 마련이 막막하여 결국 남의 물건을 훔치다가 들키는 바람에 부모님의 걱정을 더 크게 만드는 것을 보면 딱하기 짝이 없다는 생각입니다. 요즘에는 정도가 더 심해 성적 부진이라든가 입시 실패 같은 일로 아파트 등지에서 투신자살하는 청소년들이 있을 정도입니다. 어떻게 하면 아이들의 학업으로 인한 부담감을 줄여줄지 슬기를 모아야 하지 않을까요?

장사 지낼 때 노제는 검소하게 하라

사람이 죽으면 장사를 지내는데 그 절차 중에 노제路祭라는 것이 있습니다. 발인할 때 문 앞에서 지내는 제사를 말하며 견전제遣奠祭, 견전遣奠, 노전路奠이라고도 합

니다. 《삼국사기》권 제32에는 사대도제四大道祭 장소가 나오는데 "동쪽으로 고리古
里, 남쪽으로 첨병수共樹, 서쪽으로 저수渚樹 북쪽에는 활병기活倂岐에서 지내고, 압구
제壓丘祭·벽기제 辟氣祭도 지낸다"라고 쓰여 있습니다. 노제의 한 형식으로 여겨지
고 있으며 '압구제'는 봉토에 올리는 제사로, '벽기제'는 잡귀를 물리치는 제사
의식으로 짐작됩니다.

《태종실록》10권1405년에 보면, 예조에서 장례와 제사 절차에 관한 법을 올렸
는데 "상사喪事는 집안의 넉넉하고 넉넉지 못한 것에 맞게 해야 하는데 지금 대부
大夫·서인庶人들은 재물이 있는 자는 사치를 극진히 하여 보기에 아름다운 것을
구하고, 재물이 없는 자도 세속을 따라서 빌리고 꾸기까지 하니, 이는 성현의 가
르침이 아니며 노제의 본뜻은 신구神柩를 쉬는 것인데, 망령되게 불배佛排를 베푸
니, 또한 신명神明에게 제사하는 뜻이 아닙니다. 이제부터는 다만 백병白餠과 과상
菓床만을 베풀어 신神에게 전奠드리게 하고, 이를 어기는 자는 헌부憲府에서 고찰考察
하게 하소서"라는 다소 긴 주장이 보입니다.

요약하면 장례를 사치스럽게 치르지 말 것, 노제의 본뜻을 어기지 말고 부처
에게 너무 의존치 말 것, 제사상은 흰떡과 과일만으로 검소하게 차릴 것이며 이를
어길 때는 잡아다가 벌을 줄 것이라고 할 수 있습니다. 어느 시대이건 상례나 혼
례의 과시욕은 있게 마련이라 이를 법으로 다스리려는 움직임이 있었음을 알 수
있습니다. 예란 겉으로 드러나는 것이 아닐진대 마음을 다하라는 교훈이지요.

바느질 잘하는 경기도 여자,
음식 잘하는 전라도 여자

全州전주 여자의 요리하는 법은 참으로 칭찬할 만하다. 맛도 맛이어니와 床상배 보는 것이라던지 만드는 번때라던지 모도가 서울의 여자는 갓다가 눈물을 흘리고 湖南線호남선 급행선을 타고 도망질할 것이다.

《별건곤》 제16호에 실린 글 '八道女子팔도여자 살님사리 評判記평판기'의 일부입니다. 전주 여자의 빼어난 음식 솜씨에 서울 여자는 눈물을 흘리고 호남선 급행열차를 타고 도망갈 것이라는 표현이 재미있습니다. 이 글은 경기도 여자부터 시

일제강점기의 풍속을 보여주는 《별건곤》의 삽화

작해 각 도 여성들의 특징을 나열합니다. 경기도 여자는 침공針工, 곧 바느질을 잘한다고 하며, 강원도 여자는 나물을 잘한다고 하고, 황해도 여자는 장사를 잘한다고 하지요. 또 경상도 여자는 길쌈을 잘하고, 전라도 여자는 음식을 잘하며, 평안도 여자는 농사를 잘 짓고, 함경도 여자는 시장을 잘 본다고 평가합니다.

그리고 충청도 여자는 특색이 없는 것이 특색인데 황간 영동의 여자들은 연시감을 많이 먹어서 두 볼이 통통하고 온양 여자는 온천욕을 많이 하여 살결이 보드랍고 서산 여자는 어리굴젓을 많히 먹어 입살이 붉다고 말합니다. 이런 특징이 살림살이와 얼마만큼 연관이 있는지는 몰라도 잡지 기사를 통해 시대의 풍속과 생활상을 엿볼 수 있어 재미있습니다.

수박을 훔친 주방장
곤장 100대 맞고 귀양 가다

《세종실록》 22권, 5년1423년 10월 8일자에는 "환자 한문직이 주방을 맡고 있더니, 서과西瓜를 도둑질해 쓴 까닭에 곤장 100대를 치고 영해로 귀양 보냈다"라는 기록이 보입니다. '서과'는 수박의 한자 말인데 주방장이 수박 하나 훔친 죄로 귀양

까지 가다니 조선시대에는 수박이 흔한 과일은 아니었나 봅니다.

또 《세조실록》 19권, 6년1460년 1월 16일자 기록에도 " '너희가 비록 각각 술을 올리지는 못한다 하더라도 이 잔을 마시면 너희의 술을 고루 마시는 셈이다' 하고, 임금이 친히 먹던 수박을 나누어 좌우의 별운검別雲劍 한명회·구치관 등에게 내려 주고, 큰 고기를 좌우의 재추宰樞와 야인野人들에게 나누어 주었다"라는 내용이 있습니다. 이를 보면 1월 한겨울에도 수박을 먹었다는 말인데 저장 시설이 있었는지, 남쪽 나라에서 들여왔는지 궁금합니다.

그런가 하면, 《별건곤》 제8호1927년 8월 17일자에도 '녀름의 과물 이야기, 녀름 상식' 이란 글에서 다음과 같이 수박 이야기가 나옵니다. "지금은 세계뎍으로 교통이 편하게 된 고로 우리 곳에서 나는 것도 먹을 뿐 아니라 남양南洋이나 그 외에 어느 곳에 것이던지 쟈유로 슈입하게 되여서 엄동설한에도 '빠나나' 나 '수박' 가튼 것을 먹게 되엿다. 그러나 언제든지 그 계절季節에 나는 것을 그 계절에 먹어야 해가 업고 영양상, 생리상에 지극히 조흔 것이다." 이미 이 시기에도 제철 과일을 권장하고 있는데 수박 역시 여름에 시원한 원두막에서 먹는 맛이 최고일 겁니다.

조선시대 선비는
어떻게 여름을 났을까?

조선시대에는 의관정제衣冠整齊라는 말이 있었습니다. 의관정제란 "격식을 갖추어 두루마기나 도포를 입고 갓을 쓰고 옷매무시를 바르게 하는 것"을 뜻하지요. 그렇게 하는 것이 조선시대 선비들의 기본 예의였기에 선비는 모름지기 아무리 더워도 옷을 훌렁훌렁 벗을 수가 없었습니다. 그렇다면 선비들은 어떻게 여름을 났을까요?

책을 늘 가까이하는 선비들은 평상시엔 솔바람 소리를 들으며 책을 읽는 것이 가장 기본적인 피서였습니다. 그리곤 가끔 계곡에서 발을 담그는 탁족濯足을 하기도 했지요. 또 양반이면서도 소매를 걷어붙이고 김매기를 돕는 방법도 있었습니다. 이열치열의 지혜를 엿볼 수 있는 피서법이지요.

그런가 하면 산행도 좋아했습니다. 조선의 성리학자이며 영남학파의 우두머리였던 남명 조식은 1558년의 여름날 제자들과 함께 지리산 여행을 떠났지요. 조식의 산행은 지리산 곳곳의 유적을 탐방하면서 역사 속 인물들을 생각하고, 세금이 무거워 백성이 고통을 받는 현실을 기록하는 것이 목적이었습니다. 산행을 자신이 선비임을 다시 한 번 깨닫는 재충전의 계기로 삼은 것이지요. 또 추사 김정희는 7월의 뜨거운 여름날 북한산에 올라 진흥왕 순수비를 탁본해와 먹고 자는 것도 잊은 채 비문을 판독하며 여름을 났습니다. 여름 무더위에도 굴복하지 않았던 정신이 그를 만들었던 것입니다. 더위를 치열한 삶으로 극복하려 했던 조선시대 선비들의 슬기로움을 배워보면 어떨까요?

조선 사람은
매운 음식 때문에 기억력이 떨어진다?

조선을 문명 된 나라로 만들려면 우리는 먼저 여자와 유아들이 매운 음식을 먹는 것을 금지할 필요가 있으며 (중략) 한국인들의 기억력이 없다는 것과 또 인내하는 기운도 없으며, 성공을 생각하지 않고 모든 사업은 용두사미 격으로 끝내버리는 까닭이 대부분 매운 음식을 많이 먹는 데 원인이 있는 것 같음.

이등박문_{이토 히로부미}이 조선 통감으로 와 있을 때 주한일본공사관이 올린 보고서에 기록된 말입니다. 그는 이런 터무니없는 주장이 담긴 보고서를 통해 조선을 인식했을 것입니다.

밥맛이 없는 여름날에는 풋고추와 고추장, 보리밥만 있으면 충분했지요. 또 보리밥에 여러 가지 나물들을 한데 넣고 고추장으로 비벼 먹으면 맛이 기가 막힙니다. 이 글을 읽는 여러분도 침을 꼴깍 삼키고 있을 겁니다. 그만큼 우리 겨레는 고추, 고춧가루, 고추장을 무척이나 좋아했습니다. 심지어 외국 여행을 갈 때도 빼놓지 않고 고추장을 가져가는 것처럼 한국인에게 고추장은 필수품입니다.

한국의 거의 모든 음식에서는 고춧가루가 빠지지 않는데 특히 김치를 만들 때 고춧가루는 젓갈과 더불어 아주 중요한 양념입니다. 고춧가루는 김치에 들어가서 젖산균의 성장을 도와 김치를 맛있게 익도록 하며, 잡균을 억제합니다. 또 고추의 성분 가운데 캡사이신은 미생물 발육을 억제해 김치의 저장성을 높여주는 것으로 알려졌지요. 그리고 동물 실험을 해본 결과 혈액암 세포에 캡사이신을 주입하니 세포벽이 굳어지면서 성장을 멈췄다고 합니다. 따라서 고춧가루가 들어간 김치만으로도 돌연변이 암세포의 공격을 어느 정도 막아낼 정도로 김치는 좋은 음식입니다. 그러나 고춧가루 때문에 기억력이 떨어진다거나 하는 부정적인 연구 결과는 나온 적이 없습니다. 일제의 유언비어에 혀를 내두를 뿐이지요.

해가림을 바라보던
고려인의 모습

해가 한낮이 되려는데 빛이 갑자기 엷어져

처음에는 담장 밖에서 징 소리 들리더니

잇달아 쿵쿵 북소리 사방으로 퍼지네

깜짝 놀라 문밖에 나가 해를 쳐다보니

어슴푸레 해 주변에 물체가 있는 듯

아이 불러 물동이에다 맑은 물 담게 하고

그 물동이 바닥으로 태양을 살펴보니

태양이 반쯤 이지러져 조각달과 같아

참담한 하늘 모습에 깊은 시름에 잠겼네

고려 말의 문신 정추가 쓴《원재고圓齋藁》에 나오는 시로, 일식日蝕에 대해 읊은 것
입니다. 일식, 곧 해가림은 어느 시대에나 있었지요. 조선시대에는 일식이 있으
면 구식례救食禮를 지냈습니다. 구식례는 일식이나 월식月蝕이 있을 때 이를 괴이한
변고라 하여 임금이 신하들을 거느리고 월대月臺, 곧 섬돌에서 해나 달을 향해 기
도하며 자숙하는 의식이지요.

　천문 기구가 발달하지 않았던 당시로는 물동이에 물을 담아놓고 거기에 비치는 해를 관찰했습니다. 태양이 반쯤 이지러져 조각달과 같았다는 표현을 보아 부분일식이었던 듯합니다. 또한 고려시대에는 일식을 음기가 성하여 일어나는 이변이라 생각하여 양에 속하는 악기인 징과 북을 쳐서 일식을 없애려 했습니다. 일식이 일어나는 이유를 잘 알고 있는 지금의 눈으로 보면 이해가 안 가는 일이지만, 돌이켜보면 자연 현상에 대한 두려움을 어떻게든지 극복하려는 모습이라고 할 수 있겠죠.

책을 찢어서 외우는 버릇이 있던
김수온

김수온은 조선 초기의 문신이며 학자입니다. 그는 육경六經(역경·서경·시경·춘추·예기·악기)과 제자백사諸子百史(춘추전국시대 다양한 학자의 이야기)에 능통하였다고 합니다. 또 그는 집현전 출신 학자이며 신동으로 이름난 사람이었는데, 책을 찢어서 외우는 버릇이 있었지요. 책을 한 장씩 찢어 옷소매에 넣고는 오가며 외우니, 다 외우면 책도 다 찢어지는 셈입니다.

　한번은 신숙주가 귀한 책을 김수온에게 빌려줬다가 하도 안 가져오기에 가보
았더니 벽에도 천장에도 그가 빌려준 책의 낱장이 덕지덕지 붙어 있었습니다.
벽에 붙어 있는 낱장도 연기에 그을려 내용을 분별하기 어려운 상태였습니다.
그래서 신숙주가 왜 이런 짓을 했는지 묻자 "내가 누워서 외느라 그랬소"라고 답
했다지요. 요즘과 달리 조선시대 신동의 조건은 잘 외는 것이었기에 김수온과
같은 괴짜도 생겼나 봅니다.

고려 말 조선 초
임금이 즐겼던 스포츠, 격구

내가 무관집에서 자랐기 때문에 산을 타고 물가에서 자며 말을 달리는
것이 습관이 되었으므로, 오래 들어앉아서 나가지 않으면 반드시 병이
생길 것이다. 그래서 격구 놀이를 하여 기운과 몸을 기르는 것이다.

《정종실록》1399년 3월 13일자 기록으로 조선의 제2대 임금 정종이 격구를 즐기
는 까닭을 설명한 것입니다. 격구는 말을 타고 달리면서 막대기로 공을 쳐서 상
대방 문에 넣는 경기지요. 그런데 말을 타고 하는 기마 격구만 있는 것이 아니고,
세종 때에는 넓은 마당 여기저기에 구멍을 파놓고 걸어 다니면서 구멍에 공을 쳐
서 집어넣는 경기인 보행 격구도 있었습니다. 이 보행 격구는 요즘의 골프와 비
슷한 경기입니다.

격구는 정종뿐만 아니라 태종, 세종, 세조 임금이 모두 좋아했지만, 신하들이
놀이로서의 격구를 비판하는 소리가 높아가자 무과의 시험 과목으로 채택하고,
임금이 직접 격구를 하는 대신 군사들이 격구를 하는 것을 지켜보아야 했습니
다. 그래서 정조가 《무예도보통지》를 지을 무렵에는 격구에 대해 아는 사람이 거
의 없었다고 하지요.

마누라 치마까지 벗겨가던
투전

우리 겨레의 가장 큰 명절은 한가위입니다. 이날은 오랜만에 온 식구가 모여 즐거운 한 때를 보내는 날이지요. 그런데 명절에 식구가 모이면 많은 가정에서는 화투로 밤을 샙니다. 흔히 고스톱이란 걸 치지요. 화투가 일본이 의도적으로 조선에 퍼뜨린 것이란 것도 모르면서 말입니다. 지금은 화투 치는 사람들이 많지만 조선시대에는 투전이란 게 있었는데 무엇이든 돈을 걸고 하면 노름이 됩니다.

　　投전이란 게 웬 놈의 물건이라
　　내 속을 이리도 끓인단 말이오.
　　도둑놈처럼 내 치마를 벗겨가고
　　솥까지 팔아먹고
　　그때부터 연 사흘을 굶었는데
　　한 번 가더니 다시는 안 돌아왔소.
　　밤중에 혼자 빈방에서 한숨만 쉬는데
　　어린것들은 울면서 잠도 못 잤더랬소.

투전판을 묘사한 성협의 '투전판'

　　정조 임금 때 문신이자 학자인 윤기의 책《무명자집無名子集》에 나오는 '투전자
投錢者' 란 시의 일부입니다. 투전을 하기 위해 처의 치마를 다 벗겨가고, 솥까지 팔
아먹으니 식구들은 굶을 수밖에 없었지요. 당시 투전의 폐해가 얼마나 컸었는지
짐작할 수 있습니다. 정조 15년1791년 9월 16일 조선 후기의 문신 신기경은 투전을
금하고, 투전을 팔아 이익을 얻는 사람 역시 엄격히 벌을 줄 것을 상소했고 이에
정조는 법으로 금지했지만 투전은 그치지 않았습니다. 당시 "담배를 피우지 않
고 투전을 하지 않는 사람이 어찌 사람이겠는가?"라는 말이 있을 정도였다지요.
　　정약용의《목민심서》에 보면 조선시대 사람들은 투전 말고도 골패, 바둑, 장기, 쌍륙, 윷놀이를 좋아했습니다. 그 가운데 특히 투전과 골패에 중독된 사람들이 많아 사회적으로 문제가 되기도 했습니다. 외국까지 원정도박을 갔다가 입방아에 오르는 연예인도 있었는데 예나 지금이나 도박은 개인을 파탄으로 몰고 나라 전체로도 바람직하지 않은 일입니다.

박사가 뭐길래
박사 제조법까지 나오나?

조선에서도 박사가 되랴면 전과 가티 성균관 가튼 데만 다녀서는 안 된다. 적어도 관립전문학교나 또는 경성대학 가튼 곳을 졸업한 다음에 무엇을 또 연구하야 론문을 제출하고 그것이 입격이 되여야 명색 박사가 될 것이다. (중략) 그것도 년수가 너무 멀어서 각갑하거던 남에게 구걸을 하야서라도 돈을 몃백 원만 주선하야 손쉽게 박사 운동을 하여라. 그러면 그럿케 실패는 하지 안을 것이다. (중략) 현재 조선에도 법학통론 한 권 못 사본 사람도 법학사가 되고 우주관이니 인생관이니 하는 문자 한아를 몰나도 철학박사 된 일이 만치 안으냐.

《별건곤》 제47호1932년 1월 1일자에 실린 "대풍자! 대희학, 현대 조선 10대 발명품 신제조법" 이란 글 가운데 '제4 박사 제조법' 이란 글입니다. 법학통론 한 권 안 본 사람이 법학박사가 되고, 우주관이란 글자 하나 몰라도 철학박사가 되었다니 박사 학위의 허술함이 엿보입니다. 지금도 가짜 학위이다, 박사 학위 표절이다 하는 사건이 심심치 않게 발생하는 것처럼 당시도 이런 일이 있었나 봅니다.

박사가 흔치 않던 시절인 1920년대 신문을 보면 아무개 박사 학위 논문 통과란 기사가 대문짝만하게 실리곤 했지만 지금이야 흔해빠져서 그런지 박사 학위를 땄다고 해도 별로 관심을 주지 않을 정도로 냉담해졌지요. 다만 지금도 시골 마을에서는 박사 학위 취득자가 나오면 펼침막을 걸어두고 잔치 하는 곳도 더러 있는 것 같습니다.

박사博士는 원래 고대에 전문 학자나 기술자에게 주던 벼슬 이름이었습니다. 백제에는 오경박사五經博士(시경·서경·역경·예기·춘추에 능통한 사람), 의박사醫博士, 역박사易博士(음양도에 관한 전문가), 역박사曆博士(천문과 역법 전문가), 노반박사露盤博士(불탑 주조 기술자), 와박사瓦博士(기와 기술자)와 같은 다양한 박사가 있었고 이들은 고대 일본에도 큰 영향을 끼쳤다고 하지요. 현대에서 박사의 의미는 "학문 연구와 학술 진흥을 위하여 일정한 능력을 갖춘 자 또는 업적이 있는 자에 대해 대학이 수여하는 최고의 학위 또는 특정 분야의 전문가" 라고 풀이합니다. 박사가 뭐기에 박사 제조법이 나오고 수단 방법을 가리지 않고 그것을 거머쥐려고 하는지 씁쓰레할 뿐입니다.

조선에 처음 자전거를 들여온 선교사들,
'나리'가 되다

구한말 조선에 온 선교사이며 의사였던 호러스 앨런이 1908년 펴낸 책《조선견문기》에는 선교사들이 자전거를 처음 탄 이야기가 나옵니다. 그때 조선 사람들의 반응을 적은 내용을 보면 "자전거를 타고 지나가자 처음 보는 신기한 물건에 조선 사람들이 구경하러 모여들었고, 구경꾼들의 요청에 못 이겨 길을 여러 번 오고 가고 해야 했지요. 조선 사람들은 선교사들을 '나리'라고 부르며 최고의 대우를 했습니다"라고 적혀 있습니다.

조선 사람들에게 나리로 대접받았던 선교사 앨런의 한국 이름은 안연安連입니다. 미국에서 의과대학을 졸업한 그는 한국에 기독교를 전파할 목적으로 1884년 고종 21년 미국 공사관 의사 자격으로 우리나라에 왔지요. 그는 갑신정변 때 부상당한 민영익을 치료하면서 고종과 인연을 맺고 고종에게 근대식 병원을 설립할 것을 건의했습니다. 고종이 이를 윤허하여 1885년 왕립병원 광혜원廣惠院이 설립되자 여기에서 서양 의술을 베풀게 됩니다. 아마도 그는 환자를 보려고 왕진을 급히 가야 하는 경우에 자전거를 타지 않았나 싶습니다. 당시 사람들은 선교사들을 통해서 들어온 서양 문물이 마냥 신기했을 텐데 자전거도 그런 서양 문물이었지요.

《별건곤》 제16 · 17호1928년 12월 1일자의 '각계 각면 제일 먼저 한 사람'이라는 글 속에는 "서재필 씨가 남 먼저 자전차를 타고 다녔는데 차력車力으로 남대문을 훌 훌 뛰어넘어 다녔으며 자전차 종이 한 번 울리면 대포 소리로 여겨 모두 겁을 내 고 도망쳤다"라는 내용도 보입니다. 지금은 신문만 구독해도 자전거를 경품으로 주는 시대지만 100여 년 전 조선 땅에 나타난 자전거는 신기한 요술덩어리였던 것입니다.

옛사람은 무얼 먹고 살았나?

먹거리 편

푸른 치마 붉은 머리

허리 굽혀 쑥을 캐네

다북쑥 캐어 무얼 하나

눈물만 쏟아지네

정신 차리고 빚어야 하는
궁중떡 혼돈병

1809년순종 9년 빙허각 이 씨가 엮은 가정 살림에 관한 책《규합총서閨閣叢書》에는 혼돈병渾沌餅이라는 낯선 이름의 떡이 나옵니다. 먹으면 정신이 혼미해진다고 붙인 이름인가요? 보통 떡보다 두 배 정도로 손이 가고 다양한 재료에 만드는 과정도 복잡하여 음식 솜씨가 좋은 사람도 잘못 빚을 수 있기에 그런 이름이 붙은 듯싶습니다.

혼돈병은 찹쌀가루에 꿀, 승검초당귀가루, 계핏가루, 후춧가루, 말린 생강, 황률말려서 껍질을 벗긴 밤, 굵은 잣가루 같은 재료가 들어갑니다. 이 떡은 안칠 때 떡 모양을 보시기 크기로 하나씩 떠낼 수 있게 소복하게 한다 하여 '봉우리떡'이라고도 하며, 소를 넣고 뚜껑을 덮어 안쳐 그 모양이 그릇 '합'과 같다 하여 '합병', 썰어

희귀한 궁중떡 혼돈병

먹지 않고 도독하게 하나씩 먹는 떡이라는 뜻으로 '후병' 따위로 부른다지요.

1766년 나온 《증보산림경제增補山林經濟》에도 '혼돈병' 이라는 이름이 나오지만, 만드는 법이 "메밀가루를 꿀물에 타서 죽처럼 만들어 질항아리에 넣고 입구를 봉한 다음 겻불 속에 묻는다"라고 되어 있어 《규합총서》의 것과는 다릅니다. 임금 생일에는 빠짐없이 올랐다는, 떡들 가운데서도 가장 귀한 궁중떡이라는 '혼돈병', 우리 함께 먹어볼 수 있으면 좋겠습니다.

고종과 명성황후의 영전에는
어떤 음식을 올렸을까?

명성황후는 1895년 10월 8일 일본 영사관 순사 와타나베에게 시해당했고 그로부터 24년 뒤인 1919년 1월 21일 고종도 돌아가셨습니다. 궁궐에서는 고종과 명성 황후의 영전에 아침저녁 상식上食(상가에서 아침저녁으로 죽은 분에게 올리는 음식)을 올리고, 낮에 는 차를 올렸습니다. 이때 상식과 차를 올리면서 상식발기上食發記와 다례발기茶禮發 記를 기록해두었습니다. 이것은 음식발기飮食發記의 하나로 찬품단자饌品單子라고도 하며, 궁궐에서의 일상식과 잔치 음식, 제사 음식에 이르기까지 쓰는 모든 품목 의 수량까지 기록한 자료입니다.

2011년 10월 경남 진주 경상대 도서관은 고종과 명성황후의 빈소·영전에 바 친 궁중 음식 498종의 이름을 적은 발기류 205점을 찾아냈다고 발표했습니다. 특히 이 발기에 기록된 궁중 음식 가운데는 그동안 알려지지 않은 속금배차탕배추 탕의 하나, 잡과감태밀점증병여러 재료가 들어간 찐떡, 나복황볶기탕무 볶음탕, 염고도어염장 고등 어, 티각증찜 같은 177가지의 음식이 들어 있다고 합니다.

또 이 자료들은 조선시대 궁중에서 수라상에 올렸던 음식들을 확인할 수 있 는 귀중한 것으로 당시는 정월대보름, 삼월 삼짇날, 단오, 말복, 칠석, 한가위 같 은 명절에 죽은 이가 살아 있을 때처럼 정성껏 음식상을 차려 올렸음을 알 수 있 지요. 그러나 이 귀중한 음식 문화는 일제강점기 때 많이 사라졌습니다. 비록 궁 궐의 음식 문화이긴 하지만 선조의 지혜가 담긴 전통 음식 문화를 다시 살려내는 일에 관심을 갖는 것도 좋을 일입니다.

풍류와 멋을 즐기는 사람들이
좋아하던 술, 두견주

> 연분홍 치마가 봄바람에 휘날리더라
>
> 오늘도 옷고름 씹어가며
>
> 산제비 넘나드는 성황당 길에
>
> 꽃이 피면 같이 웃고 꽃이 지면 같이 울던
>
> 알뜰한 그 맹세에 봄날은 간다

장사익이 불러 인기를 끌었던 노래 '봄날은 간다' 의 가사 일부입니다. 봄이 오면 온 산하엔 분홍 진달래 물결이 출렁입니다. 연분홍 치마가 봄바람에 휘날리는 듯한 진달래 꽃잎은 보는 이의 맘을 싱숭생숭하게 만듭니다.

진달래는 우리 겨레가 예부터 좋아했던 꽃으로 화전도 부치고 술도 빚어 마시던 꽃입니다. 참꽃 또는 두견화라고도 합니다. 그래서 진달래 꽃잎을 청주에 넣어 빚은 술을 두견주라고 부르지요. 이 진달래 술은 당나라 때 유명한 시인 이백과 두보가 즐겨 마셨다고 할 정도로 풍류와 멋을 즐기는 사람들이 좋아하던 술입니다.

조선 말기 문신 김윤식의 시문집 《운양집雲養集》에 따르면 두견주는 고려 개국

공신인 복지겸의 딸이 면천에서 아버지가 병 치료를 할 때 빚어 마시게 해 병을 낫게 했다는 이야기가 있습니다. 《규합총서》, 《시의전서是議全書》, 《동국세시기》 같은 책에도 두견주에 관한 기록이 있습니다. 진달래꽃은 다른 꽃보다 꿀이 많아 술에 단맛이 나는데 요통, 진통, 해열, 류머티즘, 신경통, 부인 냉증의 치료약으로 쓰여왔으며, 삼짇날에 마시는 술입니다.

즈믄 해千 년의 역사를 지닌 두견주는 일제강점기와 1963년 정부의 양곡주 제조 금지로 한때 사라졌습니다. 그러다 할아버지, 아버지로부터 두견주 빚는 비법을 물려받은 충남 당진 면천면의 박승목 선생이 면천 두견주 중요무형문화재 제86-나호 기능보유자로 지정됨으로써 다시 햇빛을 보게 되었지요. 예부터 "두견주 석 잔에 5리를 못 간다"는 말이 전해왔는데 도수가 18도로 전통 발효술 가운데 가장 도수가 높은 술이지만 부드럽고 감칠맛이 나며 은근히 취기가 올라오는 명주입니다. 봄이 되면 진달래 화전을 안주 삼아 두견주 한 잔 마셔보면 어떨까요?

귀한 분에게 선물했던
감동젓무를 아십니까?

김치의 종류가 자그마치 500여 가지에 달한다고 합니다. 그만큼 우리 겨레는 김치와 함께 살아온 거죠. 그런데 세계 5대 건강식으로 뽑히고, 미국과 유럽 일대, 중국, 일본에서도 김치의 인기가 커져가고 있음에도 정작 한국에서는 김치를 외면하는 사람이 늘어가고 있어서 걱정입니다.

수많은 우리 김치 가운데 감동젓무를 들어보셨는지요? 감동젓무는 무와 배추에 잔 새우로 담근 감동젓(곤쟁이젓), 생굴, 낙지, 북어, 배, 밤, 실파, 미나리, 오이 같은 부재료를 넣어 담근 고급 깍두기로 곤쟁이젓깍두기라고도 합니다. 섣달 그믐 무렵에 담가 귀한 분들에게 선물하던 서울 지방의 음식입니다.

그럼 깍두기의 유래는 무엇일까요? 홍선표의 《조선요리학朝鮮料理學》을 보면 200년 전 정조 사위인 홍현주의 부인, 곧 공주가 임금에게 처음으로 깍두기를 담가 올려 칭찬을 받았다고 합니다. 당시에는 각독기刻毒氣라 불렀으며, 그 뒤 여염집에도 퍼졌는데 고춧가루 대신 붉은 날고추를 갈아서 쓰면 빛깔이 곱고 맛도 더욱 좋다고 하지요. 깍두기에는 감동젓무 외에 곤무깍두기, 명태서더리깍두기, 무송송이, 숙깍두기, 비늘깍두기 같은 것들이 있습니다. 보기만 해도 군침이 도는 감동젓무 한 접시가 식탁에 오른다면 진수성찬이 안 부럽겠네요.

비빔밥에 없어서는 안 되는
재료는?

설 명절 음식은 차례 음식이므로 고춧가루나 고추장을 쓰지 않습니다. 전이나 나물 따위가 평소보다 많으므로 명절이 지나면 이러한 나물을 밥 위에 올리고 고추장으로 비벼 먹으면 색다른 맛을 느낄 수 있습니다. 《한국민족문화대백과사전》에서는 이 고추장을 "메줏가루에 질게 지은 밥이나 떡가루 또는 되게 쑨 죽을 버무리고 고춧가루와 소금을 섞어서 만든 장"이라고 설명해놓았습니다. 고추장에 관한 가장 이른 기록은 1611년_{광해군 3년} 허균이 쓴 《도문대작_{屠門大嚼}》에 나오는 '초시_{매운 메주}'를 들 수 있습니다.

고추장에 대한 다른 문헌으로는 조선 숙종 때 실학자 홍만선이 쓴 《산림경제_{山林經濟}》가 있습니다. 이 책에는 "만초장법_{장 담그는 법}"이 나오고, 1766년 유중림이 쓴 《증보산림경제》에는 "콩으로 만든 말장_{末醬(메주)} 가루 한 말에 고춧가루 세 홉, 찹쌀가루 한 되를 취하여 좋은 청장_{진하지 않은 간장}으로 담가 햇볕에 숙성시킨다"라고 쓰여 있어 오늘날과 비슷한 고추장이 만들어졌음을 알 수 있습니다.

그런가 하면 이표가 쓴 조리서 《수문사설_{謏聞事說}》 가운데 식치방_{食治方} '순창 고초장 조법'에서는 전복, 큰새우, 홍합, 생강 같은 것들을 넣어 담근 고추장에 대한 기록이 보이는데 이것이 바로 그 유명한 순창 고추장입니다. 그러나 현재의 고추장 담그는 법과 같은 방법은 빙허각 이 씨가 쓴 《규합총서》에 나옵니다. 여기에는 고추장과 메주를 따로 만들어 담그는 방법과 소금으로 간을 맞추는 방법을 잘 소개하고 있지요. 고추장, 된장, 간장을 사먹는 요즈음 꿀, 육포, 대추를 섞고 소금 대신 청장으로 간을 맞추어 담그던 화려한 고추장은 문헌으로만 전해지는 듯하여 아쉽습니다.

술과 기생보다 더 좋은
승기악탕

조선 전기 문신인 허종이 함경도 일대를 수시로 쳐들어와 백성을 괴롭히는 오랑캐를 막으려고 의주에 도착합니다. 이에 백성은 허종을 환영하는 뜻에서 도미에 여러 가지 양념을 한 특별한 음식을 대접하였지요. 처음 보는 음식이어서 백성에게 그 음식의 이름을 물으니 허종을 위하여 처음 만들었으므로 아직 이름이 없다고 말하였습니다. 이에 술과 미녀를 좋아하기로 유명한 허종은 음식의 맛이 매우 훌륭하여 술과 기생보다 더한 즐거움을 준다는 뜻의 '승기악탕勝妓樂湯' 이라고 이름을 지었지요.

이것은 1940년에 홍선표가 펴낸《조선요리학》
에 나오는 승기악탕의 유래입니다. 이 승기악
탕은 숭어 또는 잉어, 조기, 도미 따위의 생
선을 구워 여러 가지 푸성귀_{채소}와 고명을
넣어 함께 끓인 것으로 승가기탕^{勝佳妓湯} 또
는 '도미면' 이라고도 불렀습니다.

재현한 승기악탕

승기악탕은 책에 따라 조금씩 만드는 방법
이나 재료가 다릅니다. 먼저《규합총서》에 나
온 '승기악탕' 은 닭찜을 말합니다. 그러나 고
종 때 잔칫상에 올라간 '승기악탕' 은 숭어에 여러 가지 고기를 넣어 만든 탕을
말하지요. 또한 1917년 방신영이 펴낸《조선요리제법》과 1924년 이용기가 펴낸
《조선무쌍신식요리제법》에 나온 '선기야탕' 도 비슷한 음식으로 보입니다. 승기
악탕 같은 귀한 음식들이 또 얼마나 있는지 모를 일입니다. 이와 같은 숨겨진 전
통 음식들이 속속 햇빛을 보게 되길 바랍니다.

정성이 양념보다 더 나은
한국 음식

일반 백성과 양반가의 음식은 어떤 차이가 있을까요? 보통 사람들은 이들의 차이를 음식의 재료나 종류 그리고 가짓수나 조리법으로 봅니다. 물론 이런 차이도 있지만 요리 전문가에 따르면 그 차이는 조상이나 집안 어른을 위하는 마음 씀씀이에 있으며 양념으로 쓰는 실고추, 깨소금 하나에도 정성을 듬뿍 담는 데 있다고 합니다.

양념장 속의 양념은 진이 나도록 다졌고, 고명을 만들 때도 일정한 맛과 모양을 냈으며 쇠고기도 결을 따라 곱게 써는 것이 원칙이었지요. 그러고 보니 정성을 쏟아야 하는 음식은 일정한 시간이 필요한 것들입니다. 양지머리 고깃국이라도 끓이는 날엔 핏물을 빼려고 찬물에 담가두는 작업부터 시작하여 고기에 무, 대파, 마늘, 생강을 넣고 푹 고아야 합니다. 이때 국 위에 떠오른 것들은 일일이 서서 걸어내야 할뿐더러 다 끓여낸 국을 뜰 때는 국그릇을 뜨거운 물에 미리 담가 따뜻하게 한 다음 마른행주로 잘 닦아 담아내야 했지요. 국 한 대접이 밥상에 오르기까지 어머니들의 이러한 정성과 공이 들어갔던 것입니다.

많은 사람이 패스트푸드를 찾고 있지만 요즈음은 느린 음식슬로푸드이 새롭게 각광받고 있습니다. 예전 우리 겨레가 즐겨 먹던 음식이야말로 느린 음식의 대

명사입니다. 오랫동안 숙성시켜야 제맛이 나는 김치나 오래 둘수록 깊은 맛이 나는 된장 같은 것들이 이런 음식이지요. 똑같은 재료, 똑같은 방법으로 빠른 시간에 뚝딱 만들어 나오는 햄버거와는 전혀 다른 한국 음식은 한마디로 정성으로 만들어지는 것임을 새삼 깨닫게 합니다.

웃기(고명)는 교태스럽게 올려라?

《음식디미방飮食知味方》은 1670년 무렵 안동 장 씨가 한글로 쓴 요리서입니다. 이 책은 국수·만두 따위의 주식류, 국·찜·회·김치·구이 같은 부식류, 인절미·강정 같은 떡과 한과류, 오가피주·황금주·소곡주 같은 술 종류가 다양하게 설명되어 있습니다. 이 책이 나오기 이전의 음식 관련 책은 다 남성이 쓴 것들인데 여성이 한글로만 조리법을 써놓은 책은 이 책이 국내 최초입니다. 또 동아시아 최초로 여성이 쓴 조리서라고 합니다.

이 책의 뛰어난 점은 다양한 음식들을 정확하게 설명해놓은 점뿐만이 아니라 맛깔스러운 낱말을 써서 재미나게 표현한 점도 있습니다. 우리 음식에서 모양을

규곤시의방이라고 쓰인
《음식디미방》표지와 본문 첫머리
(경북대학교 고전총서10, 경북대학교 출판부, 2003)

내는 구실의 덧붙임 재료를 고명 또는 웃기라 하는데 여기서는 "교태"라 부르고 있습니다. 또 강한 불을 "매운 불", 썩은 고기는 "독한 고기"라고 했으며, 그때 바둑 두는 이들이 많았는지 "바둑 두듯 낱낱이 뒤집어"라는 표현도 나오지요. 그런가 하면 밥솥의 밥물이 약간 질벅거리는 것은 "즐분즐분하다"라고 했으며, 샘이나 동이 안의 물이 가장자리에서 넘칠락말락 하는 모양은 요즘 말 "자란자란하다"라는 뜻인 "ᄎᆞᄅᆞᄌᆞᄅᆞᄒᆞ"라고 썼습니다.

조선시대 한글로 쓴 문헌이나 책이 많지 않은 상태에서 이 《음식디미방》은 17세기 국어, 특히 경상북도 사투리 연구에 아주 중요한 자료입니다. 안동 장 씨가 후기에서 "눈이 어두운 데도 간신히 썼으니 그 뜻을 알고 그대로 시행하며 잘 간수하라"라고 했듯 딸과 며느리에게 요리법을 전해주려고 쓴 책입니다만 이 시대 우리에게도 참 소중한 책입니다.

먹거리와 약은
그 뿌리가 같다

한의학에는 식약동원食藥同源이란 말이 있는데 이는 "음식과 약은 그 뿌리가 같다" 라는 뜻입니다. 곧 한의학에서는 병을 치료하고 건강을 지키는 데 있어서 약에 못지않게 어떤 음식을 어떻게 먹느냐가 중요하다고 생각한 것이지요. 이 세상에 있는 모든 것은 각자 지닌 기운이 있는데 이 가운데 좋은 기운을 가진 음식을 먹게 되면 건강을 지키고 장수함은 물론 아름다워진다는 논리입니다. 특히 한의학에서는 갖가지 음식이 보이는 빛깔을 다섯 가지로 나눠 이를 오행의 원리에 맞춰 다섯 장기와 이어놓았습니다.

그 예를 보면 먼저 부추, 쑥, 양배추 따위 녹색 먹거리는 간을 이롭게 하여 피로를 풀어주고 지혈 작용이 있으며, 상처 치료와 암 치료에도 좋다고 하지요. 또 호박죽이나 벌꿀 따위 노란색 먹거리는 위장에 좋고, 식욕을 돋우며 면역을 강화해줍니다. 그리고 흰색 먹거리는 폐와 대장을 건강하게 합니다. 대표적인 것이 도라지인데 도라지의 사포닌은 해열 작용과 진해, 거담 효과가 있고, 연근도 천식이나 가래, 기침에 잘 들죠. 다만, 같은 흰색 먹거리라도 흰쌀, 밀가루, 설탕, 소금 그리고 화학 조미료는 건강에 좋지 않다는 것이 상식입니다.

또 붉은색 먹거리는 순환기 기관인 심장과 흡수 기관인 소장에 좋습니다. 붉은색은 핏빛이기도 한데요. 그러기에 피를 맑고 깨끗하게 만드는 효과도 있어 심장에 생기는 병을 예방해줍니다. 피부도 좋아지고요. 토마토는 '식탁 위의 붉은 혁명' 이라 불릴 만큼 건강에 좋은데《동의보감》에 보면, 양기가 부족하고 심장이 약한 사람은 쇠고기 반 근과 토마토 열 개를 함께 끓여 밥과 먹으면 좋다고 나와 있습니다. 토마토와 함께 당근에도 세포의 산화와 발암을 억제하는 효과가 있다고 하지요. 한 가지 소개하면 검은색 먹거리는 신장콩팥과 방광 그리고 생식기에 효과가 있습니다. 요즘 검은 쌀, 검은깨 같은 먹거리가 인기를 얻고 있는데 이런 것들은 체온을 높여 신장을 비롯한 각 내장의 움직임을 활발하게 한다고 합니다. 배고프던 시절에는 흰쌀밥에 고깃국이 최고였지만 지금은 자기 몸에 맞는 다양한 먹거리를 더 고를 수 있어 다행입니다.

느린 음식은
예부터 있던 한국의 전통 음식

얼마 전부터 슬로푸드, 곧 느린 음식이 건강식으로 각광을 받고 있는데 사실 우리의 전통 음식만큼 느린 음식도 세계에 드뭅니다. 발효 음식인 김치, 젓갈, 막걸리 같은 것이 느린 음식이며 된장, 고추장, 간장도 '기다림의 미학'을 보여주는 좋은 음식입니다. "친구와 장맛은 오래될수록 좋다"라는 속담이 있을 정도지요.

1766년영조 42년 유중림이 쓴 《증보산림경제》에는 "장은 모든 맛의 으뜸이다. 집안의 장맛이 좋지 않으면 비록 좋은 채소나 맛있는 고기가 있다 해도 좋은 음식이 될 수 없다. 설혹 시골에 사는 사람이 고기를 쉽게 얻을 수 없다 하더라도 여러 가지 좋은 장이 있으면 반찬에 아무 지장이 없다. 가장은 모름지기 장 담그기에 신경을 쓰고 오래 묵혀 좋은 장을 얻도록 해야 할 것이다"라는 구절이 있습니다. 예전에는 된장, 간장, 고추장 따위의 장 담그기가 주부들만의 몫이 아니었음을 알 수 있습니다.

이만큼 우리 식생활에 중요한 장을 만드는 데는 적어도 대여섯 달은 걸립니다. 특히 간장은 "아기 배서 담은 장으로 그 아기가 혼인할 때 국수 만다"라는 말이 있을 정도로 오래되어야 제맛을 낸다고 하며 60년이 지나 빛깔이 검고 거의 고체처럼 굳은 간장을 최고로 쳤습니다. 간장뿐만 아니라 구수한 된장찌개를 만드는 된장은 이미 항암 음식으로 널리 알려졌을 정도로 훌륭한 음식이지요. 오래 묵은 장맛으로 음식을 만들어내던 우리 겨레가 서양 음식을 들여다 먹더니 새삼스레 슬로푸드라는 말을 만들어 버터 냄새 나는 호들갑을 떠는 것은 부끄러운 일입니다.

얼음을 띄워 시원하게 먹는
여름철 별미 음식 원미죽

여름이 되면 사람들은 더위에 지칩니다. 그래서 여름을 나는 여러 가지 방법을 생각해냈는데 냇물에 발을 담그는 탁족이나 몸을 보하는 음식을 먹고 시원한 물가를 찾아가 더위를 피하는 복달임을 합니다. 특히 여름철 보양 음식이나 별미는 더위를 물리치는 좋은 방법 가운데 하나지요. 그 별미 음식에는 원미죽元味粥이란 것도 있습니다.

글쓴이를 모르는 조선 말기 요리서인 《시의전서是議全書》에 이 장국원미죽과 소주원미죽이 나옵니다. 장국원미죽은 먼저 맷돌에서 쌀알이 반씩 갈라질 정도로 간 다음 체에 쳐둡니다. 이렇게 만든 싸라기에 곱게 다진 쇠고기와 표고버섯, 석이버섯, 느타리버섯, 파 따위를 넣고 만들지요. 또 소주원미죽은 싸라기로 죽을 쑨 다음 약소주와 꿀, 생강즙을 넣고 다시 끓입니다. 약소주는 소주에 용안육龍眼肉(영양가가 많고 단맛이 나는 과일로, 약재로 씀), 구운 대추, 인삼 따위를 넣고 50여 일 우려낸 술입니다.

이 원미죽은 또 1938년 6월 17일자 《동아일보》의 "여름철 별미인 조선 음식 몇 가지"라는 기사에도 등장합니다. 원미죽은 시원하게 얼음을 띄워 먹는데 소화가 잘되고 식욕을 돋우며, 보양 효과가 있는 여름철 별미입니다. 우리 겨레는 여름에 보신탕, 삼계탕, 용봉탕, 임자수탕 같은 이열치열의 음식만 먹은 게 아니라 원미죽처럼 시원한 보양식도 먹었습니다.

밥 대신에 먹던 토종 과일 참외

참외라는 이름에서 '참'의 의미는 그 이차를 내 따져 알 수 있다네
짧은 놈은 당종唐種이라 부르고 긴 놈은 물통이라 부른다지
베어놓으면 금빛 씨가 흩어지고 깎아놓으면 살이 꿀처럼 달지
품격이 전부 이와 같으니 서쪽 오이란 말과 한가지라네

이 시는 '진과眞瓜(참외)'라는 시로 지은이는 조선 중기의 이응희인데 그의 시는 어찌나 토속적이고 소박한 지 한 편의 풍속화 같다는 평을 듣습니다.

허균의 《도문대작》에는 참외에 대한 설명으로 "의주에서 나는 것이 좋다. 작으면서도 씨가 적은데 매우 달다"라고 나옵니다. 《고려도경高麗圖經》에도 이름이 나오는 것으로 보아 고려시대부터 참외를 즐겨 먹었을 것으로 짐작됩니다.

일제강점기 잡지 《별건곤》에는 알록달록한 개구리참외, 겉이 노란 꾀꼬리참

이제는 보기 어려운 추억의 개구리참외

외, 색깔이 검은 먹통참외, 속이 빨간 감참외, 모양이 길쭉한 술통참외, 배꼽이 쑥
나온 배꼽참외, 유난히 둥그런 수박참외가 소개돼 옛날에는 다양한 종류의 참외
가 있었음을 알려줍니다. 그밖에 쥐똥참외라는 것도 있었는데 맛이 없어 아이들
이 장난감으로만 갖고 놀았다고 하지요.

조선시대에는 양반이나 상민 구분 없이 신분의 귀천을 막론하고 즐겨 먹었던
과일이었으며, 보릿고개를 겨우 넘긴 백성이 가을철 벼가 익기 전까지 식량이 떨
어지면 밥 대신에 먹는 양식이 되기도 했다고 합니다. 이를 증명하듯 1933년 7월
23일자 《동아일보》에는 "경성에서 하루 먹어 없애는 참외 중 금과는 약 1만 접1접
은 100개, 수박 1만 개가량 팔린다"라는 기사가 보이지요. 이제 개구리참외 따위는
흔하지 않지만 우리 겨레에게 참으로 친근한 과일입니다.

노약자의 원기를 북돋아주는
삼합미음

1809년순조 9년 빙허각 이 씨가 엮은 생활 경제 백과사전 《규합총서》에 보면 삼합미음三合米飮이란 죽이 나옵니다. 삼합미음은 홍합·해삼·쇠고기를 찹쌀과 함께 만든 미음이지요. 미음은 죽보다 묽은 농도로, 재료의 낟알갱이가 보이지 않을 정도로 푹 고아 먹는 것으로 환자에게 쉽게 영양분을 보충해줄 수 있습니다.

《규합총서》의 만드는 법을 보면 마른 해삼은 물에 담갔다가 돌에 문질러 깨끗이 씻어 검은 빛을 없애고, 홍합은 털을 없애며, 쇠고기는 기름기 없는 것으로 준비한 뒤 찹쌀은 씻어 불려두는데 찹쌀 대신 생동찰차조의 하나을 넣기도 합니다. 그런 다음 큰 솥에 손질한 홍합·해삼·쇠고기를 넣고 물을 부어 고아 내지요. 재료가 충분히 물러지면 찹쌀을 넣고 쌀 알갱이가 퍼질 때까지 끓인 다음 체에 걸러냅니다. 먹을 때 3년 묵은 검은 장을 조금 타서 간을 맞추어 먹으면 노약자의 원기를 보충해주고 병든 사람에게도 좋다고 합니다.

명리학 용어에서 유래한 '삼합'은 한국에선 주로 성질과 맛이 서로 다른 세 가지가 어우러져 기이한 조화를 이룰 때 쓰이는 말입니다. 삼합미음 말고 다른 삼합 음식을 들면 삭힌 홍어·묵은 김치·삶은 돼지고기를 함께 싸서 먹는 홍어삼합이 있습니다. 홍어삼합과는 달리 삼합미음은 잘 알려져 있지 않지만 혹시

집안에 환자가 있다면 정성으로 삼합미음을 쑤어주면 어떨까요?

가난한 백성의 중요한
끼니거리 나물

나물은 푸성귀채소나 산나물, 들나물, 뿌리 따위를 데친 다음 갖은 양념에 무쳐서 만든 반찬을 말하지요. 그 종류를 들어보면 애호박나물, 오이나물, 도라지나물, 숙주나물, 시금치, 쑥갓, 미나리, 고춧잎, 깻잎, 무나물, 콩나물, 고사리, 고비, 취나물, 시래기나물, 가지나물 같이 그 종류가 이루 헤아릴 수 없이 많습니다.

이러한 나물은 지금은 건강식으로 인기가 높은 음식이지만 조선시대에는 가난한 백성이 끼니를 때우는 구황식물이었습니다. 조선왕조 500년 가운데 가장 태평성대였다는 세종 때에도 굶주리는 백성이 있었습니다. 1444년 4월 23일자 《세종실록》을 보면 병조판서 정연이 임금께 보고하는 내용이 나옵니다. 그가 청안淸安(현재 충북 괴산 부근) 지방에 갔을 때 남녀 30여 명이 모두 나물을 캐고 있었는데 그 모습이 나물만 먹은 얼굴빛이었다는 것입니다. 또 나물을 캐는 백성이 들판을 덮고 있었다며 백성들의 배고픔을 걱정하는 내용이지요.

윤두서의 '나물 캐기'

다북쑥을 캐네
다북쑥을 캐네
다북쑥이 아니라 새발쑥이네
양떼처럼 떼를 지어 저 산등성이를 넘어가네
푸른 치마 붉은 머리 허리 굽혀 쑥을 캐네

다북쑥을 캐어 무얼 하나 눈물만 쏟아지네

다산 정약용이 굶주림을 견디다 못해 쑥을 캐어 죽을 쑤어 먹는 백성들을 보고 쓴 '다북쑥' 이란 시입니다. 죽도 곡식과 함께 쑤어야 죽다운 맛이 나는데 쑥만으로 죽을 쑤었으니 얼마나 쓰고 맛이 없었을까요?

고려와 조선 시대 즐겼던 소주는
지금 소주와 달라

소주를 마신다

슬픔을 타서 소주를 마신다
사랑을 되새기며 소주를 마신다
배신을 안주 삼아 소주를 마신다

소주를 마신다

인생을 풀어놓고

고통을 참아가며

저주와 능멸을 버리기 위하여

소주를 마신다

소주를 마신다

가슴을 열고 환희와 행복을

찾기 위하여 소주를 마신다

성기조의 '소주'

우리가 흔히 소주라고 부르는 술은 노주露酒 · 화주火酒 · 한주汗酒 · 백주白酒 · 기주氣酒라고도 하는데 크게 증류주와 희석주로 나눕니다. 이 가운데 증류주가 전통적인 소주이며 소줏고리라는 증류기로 증류하는데, 특이한 향을 강하게 풍기지요. 또 소규모로 빚는 술로 예로부터 널리 마셔왔습니다. 일반 양조주는 알코올 도수가 낮아서 오래 두면 대개 식초가 되거나 부패하게 되는데, 이러한 결점을 없애려고 만든 것이 증류식 소주입니다. 현재 전통주의 맥을 이어오는 안동소주 · 개성소주 · 진도홍주 · 제주민속주 같은 것이 그것이지요. 페르시아에서 발달한 증류법이 원나라와 만주를 거쳐 고려로 들어와 조선시대까지 이어서 발전해온

증류식 소주를 만드는 소줏고리

것입니다.

고구마나 타피오카 같은 원료를 발효시켜 정제한 주정에틸알코올에 물, 조미료, 향료를 섞어서 도수를 35퍼센트 이하로 만든 소주가 희석식 소주입니다. 이 소주는 사실 알코올에 물을 탄 것에 불과하지요. 원래 소주는 앞에서 말한 증류식 소주를 일컫는 말이었으나, 1965년 정부가 곡물의 부족을 줄이려고 양곡관리법을 시행한 뒤 희석식 소주가 증류식 소주를 밀어내고 대중화되었습니다.

선조 임금도 약으로 쓴
향기의 마술사 모과

날씨가 쌀쌀해지면 따뜻한 차 한 잔이 그리워집니다. 이때 달고 신맛이 나며 향기가 그윽한 모과차가 제격이지요. 어물전 망신은 꼴뚜기가 시키고 과일 망신은 모과가 시킨다는 말처럼 생김새는 울퉁불퉁 곱지 않지만 그 향에 반해 사람들이 곁에 두고 싶어 하는 과일이 모과입니다.

《선조실록》112권, 32년|1599년| 윤4월 26일 자에 "도제조 이항복 등이 임금의 건강을 근심하여 아뢰기를 '삼가 전교를 보고서야 비로소 옥체가 편찮으시다는 것을 알았는데 놀랍고 민망하기 그지없습니다. 병의 뿌리가 오래되었으니 제때에 치료하지 않으면 병세가 오래갈까 걱정됩니다. 의관으로 하여금 들어가 진맥하게 한 뒤 약을 의논하도록 하는 것이 어떻겠습니까?' 하니, 하지 말라고 답하였다. 이어서 아뢰기를, '삼령백출산夢笭白朮散에 건갈·맥문동·모과·오미자를 가미하여 드시는 것이 어떻겠습니까?' 하니, 지어 들이라고 답하였다"라는 기록이 있습니다.

《동의보감東醫寶鑑》에는 모과를 설명하기를 "성질이 따뜻하고性溫, 맛이 시며味酸, 독이 없다無毒. 토사곽란을 다스리며, 음식을 소화시킨다. 또 이질을 앓은 뒤의 설사 증상, 구역질, 졸림증을 다스리고, 뼈를 강하게 하며 발에 기운을 돋운다"라고 되어 있습니다. 이처럼 예부터 약으로 썼던 몸에 좋은 모과는 술이나 차로 즐겨도 좋으며, 작은 바구니에 담아 곁에 두면 오래도록 그윽한 향기를 맡을 수 있습니다.

법으로 금하던
우리 고유의 과자 유밀과

유밀과油蜜菓란 우리 고유의 과자로 밀가루나 쌀가루 반죽을 적당한 모양으로 빚어 바싹 말린 뒤에 기름에 튀겨 꿀이나 조청을 바르고 튀밥, 깨 따위를 입힌 과자로 밀과, 유과, 약과 따위가 있습니다. 지금은 명절이 아니라도 흔히 먹을 수 있는 과자이지만 예전에는 귀하고 사치스러운 기호 식품으로 왕실과 양반 집안에서 이런 약과를 만들려고 곡물, 기름, 꿀을 허비한다 하여 이를 금한다는 기록이 많습니다.

《고려사절요》 제13권에는 "지금부터는 유밀과를 쓰지 말고, 과일로 대신하되, 작은 잔치에는 세 그릇을 넘지 말고, 중간 잔치에는 다섯 그릇을 넘지 말고, 큰 잔치에는 아홉 그릇을 넘지 말게 하며, 찬饌 역시 세 가지를 넘지 말게 할 것이며, 만약 부득이하여 더 쓰게 되더라도 포脯와 젓을 번갈아 들여 정식定式으로 삼는다. 이대로 같이 하지 않는 사람이 있으면 죄를 물을 것이다"라고 해서 유밀과를 함부로 쓰면 벌을 주었습니다.

또《태종실록》35권 18년1418년 기록에도 "혼인하는 집에서 3일에 유밀과상油蜜果床을 차리는 것은 실로 잘못된 것이다"라는 말이 보일 정도로 유밀과는 함부로 먹기 어려운 과자였지요. 최남선의 《조선상식》에서는 '유밀과'를 조선에서 만드는 과자 가운데 가장 좋은 상품이며 이를 만드는 정성과 수고로움이 보통이 아니니 세계에 그 유례가 없는 과자로 조선만의 독특한 과자라고 칭찬합니다. 이 귀한 과자인 유밀과를 명절에만 찾지 말고 평상시에도 먹으면 어떨까요?

복날, 개고기는
우리 겨레의 오랜 먹거리

복날 우리 겨레는 예부터 개고기를 많이 먹었는데 그 까닭이 무엇일까요? 먼저 조선 순조 때의 학자 홍석모가 지은 《동국세시기》에 따르면 "《사기》에 이르기를 진덕공 2년에 처음으로 삼복 제사를 지냈는데, 4대문 안에서는 개를 잡아 해충으로 농작물이 입는 피해를 방지했다고 하였다"라는 내용이 전해집니다. 제사상에 오르는 음식은 주변에서 쉽게 구할 수 있어야 하는 것인 만큼 개고기를 일찍부터 식용으로 썼음을 말해줍니다.

또 한글로 쓰인 가장 오래된 요리책인 《음식디미방》에는 개장, 개장국 누르미, 개장찜, 누렁개 삶는 법, 개장 고는 법 같은 우리나라의 고유한 개고기 요리법이 자세하게 기록되어 있으며, 17세기 중엽에 정부인 안동 장 씨가 쓴 《음식디미방》에도 개장, 개장꼬치누루미, 개장국누루미, 개장찜, 누렁개 삶는 법, 개장 고는 법이 나와 있습니다. 그뿐만 아니라 조선시대 혜경궁 홍 씨의 회갑연 상차림에 구증狗蒸(개고기찜)이 올랐다는 것을 보면, 임금님의 수라상에도 올라가는 음식이었음을 알 수 있으며, 《농가월령가》에는 며느리가 친정에 갈 때 개를 삶아 건져가는 풍습이 나옵니다. 선조들이 개고기를 즐겨 먹었다는 얘기지요.

그에 견주어 이들 문헌에는 돼지고기 조리법으로 멧돼지 고기인 야저육野猪肉 삶는 법이 두 줄, 집돼지 고기인 가저육家猪肉이 고작 세 줄 기록되었을 뿐입니다. 이로 미루어 당시에는 돼지고기보다 개고기를 더 즐겨 먹었던 것으로 짐작됩니다. 그만큼 개고기는 우리 겨레의 오랜 먹거리였는데, 다만 개고기를 먹으면 무조건 몸에 좋다는 맹신은 삼가야 합니다.

우리나라 최초의 조리서
《산가요록》

우리나라 최초의 조리서는 1459년 무렵에 쓴 것으로 보이는 어의 전순의의 《산가요록山家要錄》입니다. 그동안 최초의 조리서로 알려졌던 《수운잡방需雲雜方》보다도 앞선 책입니다. '산가요록'은 산가山家, 곧 민가에서 살아가는 데 필요한 것들을 기록해놓았다는 뜻이지요.

이 책에는 배추김치, 송이김치, 생강김치, 동아박과의 한해살이 덩굴 식물김치, 토란김치, 동침, 나박김치 따위의 38가지 김치 담그는 법이 적혀 있습니다. 또 63가지의

세종 시대 온실을 재현
한 모습

술 빚는 법은 물론 생선, 양, 돼지껍질, 도라지, 죽순, 꿩, 원미쌀을 굵게 갈아 쑨 죽를 재료로 한 식해도 일곱 가지나 기록되어 있으며, 다과와 탕류의 조리법 같은 음식이 무려 121가지나 요리법이 소개돼 있지요.

그리고 동절양채冬節養菜, 곧 '겨울에 채소 기르기' 편에서는 "겨울철에도 채소를 먹으려면 새로운 영농기법이 필요하며 채소가 자랄 수 있는 온실을 만들어야 한다"라는 기록이 있어 우리나라의 온실 재배가 세계에서 가장 빨랐음을 알 수 있습니다.

옛사람은 무얼 입고 살았나?

— 옷과 꾸미개 편

붉은 해 푸른 하늘 품고 나온

3대 독자 영식이 주려고

어머니 손 놀려 저고리 지었지

한 땀 한 땀 바늘 지나간 자리

어머니 마음

옛사람의 여름나기 옷
등등거리

현대인들이야 에어컨 바람에 더운 줄 모르고 지내지만 옛사람들은 한여름 무더위에 어떤 옷을 입고 여름나기를 했을까요? 시원한 모시 적삼을 입었어도 땀이 줄줄 흐르면 적삼이 젖어 감당하기가 어려웠을 겁니다.

그래서 입었던 것이 등등거리입니다. 이 등등거리는 소매가 없어 등배자背子라고도 부르는데 등나무 줄기를 가늘게 쪼개서 얼기설기 배자 모양으로 엮어 만든 것으로 여름철 모시 적삼 밑에 받쳐 입습니다. 등등거리를 입으면 땀이 흘러도 옷이 살갗에 직접 닿지 않아 적삼에 배지 않고, 등등거리가 공간을 확보해주기에 공기가 통하여 시원합니다.

이 등등거리는 등나무 가지로 만든 팔에 차는 등토시와 함께 여름나기에 중

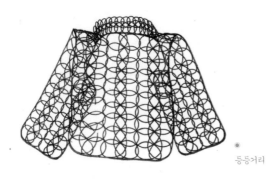

등등거리

요한 옷이었지요. 등등거리를 입은 선비는 쥘부채_{합죽선}를 부쳐가며 책을 읽다가 죽부인을 안고 화문석 돗자리에 누워 잠을 청했습니다. 이제는 박물관에나 가야 볼 수 있겠지만 등등거리를 입어볼 수 있다면 좋은 체험이 될 것입니다.

조선시대의 아름다운 신발들

우리는 조선시대 사람들이 바지저고리, 배자와 두루마기 같은 한복을 입었음을 잘 압니다. 그런데 신은 무얼 신었을까요? 일반 백성이야 짚신을 신었지만 양반 은 가죽으로 만든 갓신을 신었습니다. 그 갓신으로는 태사혜, 당혜, 운혜, 흑혜 같은 것들이 있습니다.

그 가운데 먼저 태사혜太史鞋는 코
와 뒤에 태사라 하는 흰 줄무늬
를 새긴 남자용 신입니다. 흔히
사대부나 양반 계급의 나이 많
은 사람이 평상시에 신었는데

태사혜

현재 국립중앙박물관에는 고종이 신
었다는 태사혜가 전시되어 있지요. 조선 말기에 와서는 임금도 웅피혜熊皮鞋(곰가죽
신)나 녹피혜鹿皮鞋(사슴가죽 신)로 만든 태사혜를 신었음을 알 수 있습니다. 문무백관들
이 조정에 나갈 때는 검정 가죽으로 만든 흑피혜黑皮鞋를 신었지요.

또 당혜唐鞋는 조선시대 부녀자가 신던 갖신을 이릅니다. 코와 뒤꿈치에 당초
무늬를 놓아 만든 마른 신으로, 안은 융 같은 푹신한 감으로 하고 거죽은 가죽을
비단으로 싸서 만들었지요. 이밖에 부녀자들은 구름무늬가 수놓아진 운혜雲鞋도
신었습니다. 요즘 어떤 이들은 한복에 고무신을 신습니다. 그러면서 고무신이
한복의 기본인 줄 아는 사람도 있습니다. 하지만 고무신은 일제강점기에 들어온
것으로 한복에 고무신은 갓 쓰고 청바지 입은 격입니다. 요즈음은 한복에 맞는
태사혜 같은 갖신이 많이 나와 있으니 한복과 어울리는 신을 갖춘다면 훨씬 품위
가 있을 것입니다.

영친왕비의 저고리를 장식했던 대삼작노리개

노리개는 저고리 고름이나 치마허리에 차는 것으로 아름다운 빛깔의 매듭과 귀한 패물로 만든 꾸미개^{장신구}입니다. 노리개에 쓰이는 패물은 금 · 은 · 백옥 · 비취 · 옥 · 금패^{호박의 하나} · 산호^{珊瑚} 따위로 모양은 네모꼴, 동그란 모양, 꽃무늬 모양, 나비 모양이 있습니다. 노리개는 외줄^{단작}노리개와 세 개가 한 벌로 된 삼작노리개가 있으며 노리개 밑에는 술이 달려 있어 매듭, 패물과 어우러져 우아함을 연출합니다.

대삼작노리개

매듭과 술은 붉은색, 파란색, 노란색의 삼원색을 기본색으로 하여 분홍색, 연두색, 보라색, 자주색, 옥색 따위를 씁니다. 그 크기는 노리개에 다는 패물의 크기와 형태에 따라 달라지지요. 노리개는 패물의 종류와 규모에 따라 예복용과 평복용으로 구분되며, 형태, 술의 종류에 따라 다양합니다.

전해지는 대삼작노리개 유물에는 영친왕비 대삼작노리개^{英親王妃大三作佩飾}가 있지요. 이 노리개는 왼쪽에 균형 잡힌 산호 가지를, 가운데는 옥판에 금으로 몸체를 만들고 옥비취·진주로 장식한 나비를 두 단으로 붙였습니다. 또 오른쪽은 부처님의 자비를 상징하는 밀화불수蜜花佛手(호박으로 부처 손같이 만든 여자의 패물)를 낙지발술낙지의 발 모양으로 여러 가닥의 끈목을 한군데 묶어 만든 술에 연결하였지요. 비운에 살다간 영친왕비 이방자 여사는 이 대삼작노리개로 위안을 삼았을까요?

혹독한 겨울 추위에 입는
낙복지로 만든 누비옷

서울과 지방의 시소試所(과거를 치르던 곳)에서 보내온 낙복지落幅紙를 지금 서쪽 변방에 내려보내야 하겠습니다만, 겨울철이 눈앞에 다가왔기 때문에 헐벗은 백성이 옷을 만들어 입기가 어려울 것입니다. 모든 벼슬아치에게 낙복지를 나누어준 다음 옷을 만들어오도록 하여 변방에 보내도록 하소서.

《인조실록》 19권, 6년1628년 9월 17일자 기록입니다. 낙복지란 과거 시험을 본 뒤 나온 불합격된 답안지를 말하는데 왜 변방에 보내라 했을까요? 예전 솜옷을 지을 때는 옷감과 옷감 사이에 솜을 넣고 꿰맸습니다. 이때 무턱대고 솜만 넣어두면 얼마 지나지 않아 솜이 옷감 안에서 뭉치고 아래로 처집니다. 이를 막으려고 실로 듬성듬성 누비지만 이것도 솜이 뭉치는 것을 다 막지는 못합니다. 낙복지를 활용하면 촘촘하게 누비지 않아도 솜이 아래로 처지거나 분리되는 것을 막을 수 있습니다. 낙복지를 넣으면 보온 효과도 더할 수 있었는데 이는 닥나무 섬유가 여러 갈래로 켜켜이 얽혀 바람이 들어오는 것을 확실하게 막아주기 때문입니다. 그뿐만 아니라 낙복지는 솜을 둔 표면이 울퉁불퉁해지는 것을 막아주기도 했습니다.

솜을 구하기 어려운 사람들은 옷감 사이에 낙복지를 대고 누벼 만든 옷으로 혹독한 겨울을 견뎌냈으니 여간 요긴한 물건이 아니었습니다. 또한 낙복지로 스님들이 입는 납의를 만들기도 했으니 솜과 옷감이 귀한 시절, 과거시험 낙방지인 낙복지는 한 장도 버릴 것 없는 귀한 물건이었습니다.

모시 한 필 만들려면
침이 석 되 들어간다

2011년 11월 28일 인도네시아 발리에서 열린 제6차 유네스코 무형유산위원회에서 '한산모시 짜기'가 줄타기, 택견과 함께 인류무형유산에 올랐습니다. 이전에 인류무형유산이 된 우리의 무형문화유산은 종묘제례, 판소리, 강릉단오제 같은 것이 있었지요. 한산모시 짜기는 1967년에 중요무형문화재 제14호로 지정되었습니다.

모시는 마麻에 속하는 여러해살이풀로, 키는 2미터 정도이며 곧게 자랍니다. 신라 제48대 경문왕 때 나라 밖에 수출한 기록이 있을 정도로 모시는 오랫동안 우리 겨레의 옷감으로 사랑받아왔습니다. 모시 섬유는 물들이기 쉬운데다 색도 바래지 않고 또 땀 흡수와 발산이 잘되며 물에 강해 빨아 입을수록 윤기가 더해지지요. 풀을 먹여 다듬이질을 곱게 한 모시옷은 단아하면서도 가벼워 잠자리 날개 같다고 일컫습니다.

밤낮 쉬지 않고 석 달을 일해야 한 필약 21미터이 나온다는 모시는 계속 침을 발라가며 삼아야 하기에 한 필 만드는 데 침이 석 되 들어간다고 할 정도로 옛 여인의 정성이 들어간 옷감입니다. 입이 부르트고 피가 날 때까지 쪼개고 또 쪼개야 고운 옷감이 될뿐더러 모시 날기, 바디 끼우기, 모시 매기, 꾸리 감기 같은 매우 어려운 과정을 거쳐야만 하는 모시는 그래서 유네스코에서 세계문화유산으로 인정한 것 같습니다.

머리 한 올도 흐트러지지 않게 해주는 살쩍밀이

조선 후기 서예가인 이광사가 유배지에서 딸에게 절절이 쓴 편지를 보면 "이따금 거울을 보며 눈썹과 살쩍을 족집게로 뽑고 빗에 묻은 때를 씻어 깨끗하게 해라. 세수하고 양치하며 다시 이마와 살쩍을 빗질로 매만지고, 빗통을 정리하고 세수한 수선은 늘 제자리에 두어라"라는 내용이 나옵니다. 아내는 먼저 세상을 떠나고 자신은 유배지에 있기 때문에 부모가 곁에 없는 딸에게 이광사는 사랑을 담아 편지로 가르침을 주었지요. 여기에 두 번이나 나오는 살쩍은 관자놀이와 귀 사이에 난 머리털을 말합니다.

그런데 상투를 틀고 망건을 쓰던 선비들도 망건 바깥으로 빠져나온 살쩍을 망건 안으로 밀어 넣으려 '살쩍밀이'라는 빗을 썼지요. 살쩍밀이는 대나무나 짐승의 뿔로 얇고 갸름하게 만듭니다. 깔끔한 선비들은 살쩍밀이를 주머니에 넣고 다니면서 수시로 머리를 가지런히 했습니다.

다양한 종류의 살쩍밀이

우리나라 사람들은 단정한 차림을 중시하여 매일 아침 첫 일과는 머리를 빗질하는 것으로 시작했으며, 살쩍밀이를 가지고 다니며 수시로 쌀쩍을 밀어 넣을 만큼 머리카락 한 올이라도 흐트러짐이 없도록 하였지요. 《동의보감》에서는 "머리를 자주 빗으면 눈이 밝아지고 풍사風邪가 없어진다" 라고 하여 건강 수단으로 하루에 50~100회의 빗질을 권장하기도 하였습니다.

오방색의 두루주머니에 무얼 담을까?

주머니는 자질구레한 물건이나 돈 따위를 넣고 입술에 주름을 잡아 졸라매어 허리에 차거나 손에 들고 다니는 꾸미개장신구를 말합니다. 비단 헝겊으로 만들어 수를 놓거나 금박을 박기도 하는데, 옛날에는 남녀노소 누구나 지녔지요. 특히 한복에는 물건을 넣을 만한 호주머니가 달려 있지 않아 실용적인 주머니가 꼭 필요하였습니다. 그 주머니 가운데 아래는 둥글고 위는 모진 모양인데 입구에 잔주름을 잡아 오므리는 주머니를 두루주머니라 합니다.

두루주머니 가운데서도 특히 오방색, 곧 노랑·파랑·하양·빨강·검정의 다섯 가지 빛깔을 써서 아름답게 만든 것을 오방낭자五方囊子나 오방 두루주머니라고 합니다. 오방 두루주머니의 앞면 가운데는 글자를 금박하거나 수를 놓았으며, 액을 면하고 한 해를 무사히 지내라는 뜻으로 정월 해일亥日(돼지날)에 아이들에게 주머니를 선물했습니다.

여기서 오방색이란 음과 양의 기운이 생겨나 하늘과 땅이 되고 다시 음양의 두 기운이 목화토금수木火土金水의 오행을 만들었다는 음양오행사상을 바탕으로 한 것이지요. 오방색은 나쁜 기운을 막고 무병장수를 비손하기 위해 쓰였는데 돌이나 명절에 어린아이가 입는 색동저고리, 잔치 국수에 올리는 오색 고명, 궁궐·절의 단청, 고구려 고분벽화, 전통 조각보나 공예품 따위에서 찾아볼 수 있습니다. 생일 또는 특별한 날만이라도 아이들에게 서양 옷이 아닌 색동한복을 입히고 오방 두루주머니를 차도록 하면 얼마나 예쁠까요?

배냇저고리를 짓는
어머니의 따뜻한 손길

붉은 해 푸른 하늘 품고 나온

3대 독자 영식이 주려고

어머니 손 놀려 저고리 지었지

한 땀 한 땀 바늘 지나간 자리

어머니 마음자리

희고 고운 새 옷 입고

곱게곱게 크라고

어머니 호롱불 밑에서

마음 새겨 만든 저고리

이고야 '배냇저고리'

아기가 태어나서 처음 입는 옷, 배냇저고리. 임진왜란 때 9년 3개월에 걸친 피란 일기인 오희문의 《쇄미록 瑣尾錄》을 보면 "오늘이 곧 새로 난 아기의 삼일이다. 몸을 씻기고 비로소 새 옷을 입히고 이름을 창업이라고 지었으니"라는 대목이 나오는데 여기서 새 옷이 바로 배냇저고리를 뜻합니다. 태어난 지 이레 만에 입힌

다고 하여 일안저고리, 이레안저고리, 이란저고리라고도 하였고, 배안의 옷, 첫돈방이라고 했으며, 제주도는 특이하게 삼베로 짓는데 봇뒤창옷라고 했지요.

배냇저고리는 품을 넉넉히 하고 길이를 길게 해 배 아래까지 덮었으며, 소매도 길게 해서 손을 완전히 감쌌습니다. 깃과 섶을 달지 않고, 아기의 수명이 실처럼 길게 이어지라는 뜻에서 고름 대신 길게 무명 실끈을 꼬아 붙여 앞을 여며줍니다. 갓난아기는 목욕을 자주 해주어야 하기에 입고 벗기기 편하게 만든 옷이 바로 배냇저고리입니다.

남자 아기의 배냇저고리는 재수가 있다 하여 시험을 보거나 소송이 벌어졌을 때 부적처럼 몸에 지니는 풍습이 전해집니다. 집안의 장수한 어른이나 어머니의 옷으로 배냇저고리를 만들어 입히기도 했지요. 엄마가 바느질을 하면서 손끝을 많이 움직이면 아기 머리가 좋아진다고 하고, 정성스러운 마음으로 옷을 지을 때 엄마의 사랑이 뱃속 태아에게 전해질 터여서 옛 사람들은 배냇저고리로 자연스럽게 태교를 할 수 있었습니다. 현대의 엄마는 옷 지을 시간이 여의치 않겠지만 사랑하는 아기에게 직접 배냇저고리를 지어 입히면 어떨까요?

옛 장식품에 쓰인 아름다움과 정력을
상징하는 벌레는?

옥충주자

7세기 일본 아스카 시대의 유물인 나라 법륭사의 옥충주자玉蟲廚子는 2,563장의 비단벌레 날개를 깔아 만든 작품입니다. 이 옥충주자는 지금 남아 있는 서기 600년 무렵 유물 가운데 가장 귀한 것이라고 합니다. 그런데 이 작품이 일본 것이냐 한국 것이냐 하는 논란이 큽니다. 일본과 한국 미술사를 깊이 연구한 미술사학자 존 코벨은 옥충주자에는 일본에 없는 호랑이 그림과 사천왕상이 있는 등 한국인이 만들었다는 분명한 증거가 있다고 강조합니다.

법륭사 옥충주자처럼 비단벌레로 만든 유물이 경주에도 있습니다. 1973년 경주 황남대총 남분임금 무덤의 부곽에서 출토된 '비단벌레 장식 금동 말안장 뒷가리개' 가 그것이지요. 비단벌레 날개를 촘촘히 깔아 붙인 이 말안장 뒷가리개는 눈이 부실 정도입니다. 말안장 뒷가리개 말고도 비단벌레로 장식된 유물은 화살통도 있습니다.

그렇다면 고대 사회에서 왜 비단벌레를 장식물에 자주 사용했을까요? 비단벌레 날개가 화려하고 아름답다는 것 외에 또 다른 까닭이 있습니다. 명·청 시대 편찬된 중국 광동 지방 지리지인 《광동통지》에는 금화충_{비단벌레}을 소개하면서 "그것을 달고 다니면 사람들을 증미_{增媚}하게 한다"라는 기록이 있지요. 쉽게 말하면 정력이 좋아진다는 뜻입니다. 비단벌레는 그 자태의 아름다움 말고도 왕성한 정력을 상징하는 벌레여서 옛사람들이 이를 장식물에 널리 사용한 것은 힘을 과시하기 위한 것이 아닌가 하는 생각이 듭니다. 정력적인 힘에다가 아름다움까지 더해주는 비단벌레는 꿈의 벌레이겠으나 멸종 위기에 처해 요즘에는 그 모습을 보기가 쉽지 않습니다.

조끼·마고자·배자는
어떻게 다른가?

궁중에서 왕자가 태어나면 하는 '권초의 예_{捲草之禮}'라는 것이 있다. 태어난 날 다북쑥으로 꼰 새끼를 문짝 위에 걸고, 자식이 많고 재화가 없는

마고자

조끼

제 이무성 印

배자

© 이무성 화백

대신에게 명하여 3일 동안 소격전昭格殿에서 재齋를 올리고 초제醮祭(별에 지

내는 제사)를 베풀게 하는데, 상의원尙衣院에서는 5색 채단을 각각 한 필씩

바쳤고, 남자면 복건·도포·홀·오화·금대요, 여자면 비녀·배자褙子

(덧옷)·혜구신의 하나 등의 물건을 노군老君(물러난 임금) 앞에 진열하여 장래의

복을 빌었다.

조선 전기 학자 성현이 쓴《용재총화慵齋叢話》에 나오는 글로 여기에 보면 왕자

가 태어났을 때 바치는 예물로 덧옷의 하나인 '배자'가 등장하는 것으로 보아 배

옷과 꾸미개 편

자는 이미 조선 전기부터 입었던 옷임을 알 수 있습니다. 이에 견주어 대원군이 청나라에서 입고 온 마괘_{만주족} 옷의 변형인 마고자와 양복의 조끼를 변형하여 입은 조끼는 배자보다 역사가 훨씬 짧습니다.

조끼와 마고자는 단추가 있고 이보다 오랜 세월 입어 온 배자는 저고리 위에 덧입는 것으로 단추와 소매가 없는 조끼 모양을 하고 있습니다. 배자 안에는 토끼·너구리·양 따위의 털을 넣어 가장자리 부분에서 밖으로 털이 드러납니다. 이수광의 《지봉유설芝峰類說》에는 "당 고조唐高祖가 소매를 짧게 한 옷을 만들어 반비半臂라 하였다. 이것이 오늘날의 배자이다"라는 설명이 나옵니다. 요즘은 한복을 멀리하여 마고자와 배자의 차이를 모르지만 우리가 전통적으로 입었던 옷의 차이와 유래를 알아두는 것도 좋을 일입니다.

정성을 쏟아 만드는 누비옷

우리 겨레는 예전 한겨울 추위를 누비옷으로도 견뎠습니다. 누비는 원래 몽골의 고비 사막 일대에서 시작되어, 기원전 200년쯤 중국과 티베트에서 쓰였다고 하는데 조선시대엔 치마, 저고리, 포, 바지, 두의頭衣(모자), 신발, 버선, 띠 같은 옷가지와 이불 따위에 누비가 다양하게 쓰였습니다.

누비는 보통 보온을 위해 옷감 사이에 솜을 넣고 함께 홈질해 맞붙이는 바느질 방법입니다. 그냥 솜옷은 옷을 입을수록 옷감 안에서 솜이 뭉쳐버립니다. 하지만 누비를 해놓으면 이렇게 뭉치는 일도 없고, 누비 사이에 공기를 품고 있어서 더 따뜻한 것이지요. 누비는 바늘땀 간격이 보통 0.3센티미터, 0.5센티미터, 1.0센티미터로 나뉘는 섬세한 작업인 만큼 정성을 쏟지 않으면 제대로 된 옷을 만들어낼 수 없습니다. 그래서 누비옷은 아이들 옷이라도 한 달은 걸려야 한다고 하지요. 누비는 무늬의 모양에 따라 줄누비, 잔누비, 오목누비 따위로 나뉩니다. 이 가운데 홈집이 촘촘한 잔누비는 홈질줄의 간격이 1밀리미터 정도인데 정말 정교하고 아름답습니다.

본래는 스님들이 무소유를 실천하려고 넝마의 헝겊 조각을 누덕누덕 기워서 만든 옷, 곧 '납의장삼衲衣長衫'에서 나온 말이라고 합니다. 납의가 '나비'로 소리 나다가 이것이 다시 '누비'로 자리 잡은 것이라지요. 여기서 누비는 방법의 새로운 바느질 양식이 나오게 되었습니다. 조선시대 왕비가 임신을 하면 장차 태어날 아기에게 입힐 누비옷을 직접 짓는 일도 태교의 하나였다는데 누비옷은 정성이 참 많이 들어간 옷입니다.

옛 여인들이 가까이하던 규중칠우의 하나
가위 이야기

> 물시계 소리는 낮아지고, 등불은 반짝이니
> 비단 휘장은 차고, 가을밤은 깊어라
> 변방 옷을 다 지어 가위는 차가운데
> 창에 가득 파초 그림자가 바람에 흔들리네

이미 옷을 지은 지가 오래되어 가위가 차가워졌는데 옷을 드릴 임은 오지 않는다고 그리움을 드러낸 허난설헌의 작품 '추야사秋夜詞' 입니다.

가위는 두 개의 날을 엇걸어서 옷감·종이·머리털 따위를 자르는 기구로 교도交刀, 전도剪刀, 협도鋏刀라는 말로도 불렀습니다. 가장 오래된 가위 유물은 기원전 1,000년 무렵 그리스에서 만들어진 철제 가위라고 하는데 양털을 깎을 때 주로 사용되었다고 하며, 우리나라에도 경주 안압지에서 가위 유물이 출토되었습니다.

옛 여인들은 옷을 직접 지었기 때문에 바늘, 자, 다리미와 함께 가위를 아꼈습니다. 그래서 조선 후기에는 규중 부인들이 옷 만들 때 쓰는 도구 일곱 가지를 의인화하여 인간 사회를 풍자한 《규중칠우쟁론기閨中七友爭論記》 같은 작품도 나왔지요. 거기에는 "교두 각시 양각雨脚을 빨리 놀려 내달아 이르되, '척부인아, 그대 아

모리 마련을 잘한들 버혀 내지 아니하면 모양 제대로 되겠느냐. 내 공과 내 덕이
니 네 공만 자랑 마라' "라며 가위가 잘난 체하는 모습도 보입니다. 여기서 칠우_七^友는 세요각시_{細腰閣氏(바늘)}, 척부인_{尺夫人(자)}, 교두각시_{交頭閣氏(가위)}, 울낭자_{熨娘子(다리미)}, 청
홍흑백각시_{青紅黑白閣氏(실)}, 인화낭자_{引火娘子(인두)}, 감투할미_{골무} 를 이릅니다.

옛 여인의
아름다움을 지켜주던 경대

경대

여성의 아름다움에 대한 욕망은 식욕, 성욕과
더불어 사람의 3대 욕망이라고 말합니다. 따
라서 아름다움을 더욱 돋보이게 하고, 그렇
지 못한 부분은 감추려고 하는 것은 예나
지금이나 변하지 않는 여성들의 마음일 것
입니다.

　　고려 태조 때는 화장을 장려하고 화장법
을 가르쳤다고 하지요. 옛 여인들은 머리에

는 동백기름을 윤기 있게 바르고, 눈썹은 먹으로 초승달처럼 가늘게 그리며, 뺨은 복숭앗빛으로 또 입술은 앵둣빛으로 연지를 칠했습니다. 그리고 얼굴이 하얗게 보이도록 분백분을 짙게 발라 피부가 창백하게 보이도록 했습니다.

그런 여성들에게 거울은 필수품입니다. 옛날엔 그 거울을 달아 세운 화장대가 있었으니 바로 경대鏡臺입니다. 경대는 거울과 거울을 지탱하는 지지대에 서랍을 갖추어서 화장 도구를 넣을 수 있게 만든 것과, 거울에 틀만 붙여서 만든 것이 있지요. 옛날에는 여자가 혼인할 때 해가는 주요 혼수품이었습니다. 경대의 재료는 느티나무와 오래된 감나무이고, 원앙·십장생·쌍학 따위를 새겼습니다. 이제 예전의 경대를 쓰는 사람은 없겠지만 운치만이라도 한번 느껴보면 어떨까요?

옛사람의 소박한 멋멋

민속품 편

이 남박 가득 하얀 햅쌀

일렁이며 돌 고르던 마음

아! 어머니 마음

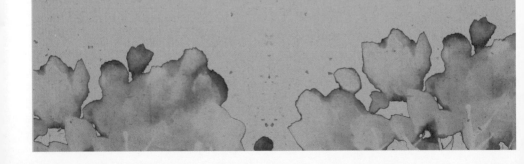

출장 가는 소반,
공고상을 아십니까?

예전에 음식을 얹어 나르거나 방에 놓고 식탁으로 쓰던 상床의 종류를 소반小盤이라고 합니다. 소반에는 다리 모양새에 따라 여러 종류로 나뉘지요. 다리가 하나뿐인 상은 외다리 소반독각반(獨脚盤) 혹은 단각반單脚盤이라 하고, 다리가 셋인 것은 삼각반三脚盤이라 하며, 다리 모양을 개의 발 모양으로 조각한 것은 구족반狗足盤이라 하고, 호랑이의 발같이 조각한 것은 호족반虎足盤이라고 합니다.

또 말의 발같이 조각한 것은 마족반馬足盤이라 하고, 대나무 마디같이 조각한 것은 죽절반竹節盤이라 하며, 잔치 때에 쓰는 것으로 다리가 높은 상은 고각상高脚床이라 하지요. 또 소반의 판을 이리저리 돌릴 수 있게 만든 것은 회전반回轉盤이라 하고 소반에 붉은 칠을 한 것은 주칠반朱漆盤이라 하며, 판에 자개를 박은 것은 자

공고상

개상이라 합니다.

그런데 관가로 출장 다니던 소반이 있습니다. 바로 공고상公故床이 그것인데 옛날 고관이 궁중이나 관가에서 숙직할 때 집의 노비들이 이 상에 음식을 얹어서 머리에 이고 날랐다고 하지요. 번番, 곧 숙직이나 당직을 할 때 자기 집에서 차려 내오던 밥상이라 하여 번상番床, 바람구멍을 냈다고 하여 풍혈상風穴床이라고도 합니다.

양옆에 손을 잡을 수 있도록 구멍이 '아亞' 자나 '만卍' 자로 된 뚫새김투각 무늬로 되어 있으며, 앞쪽에는 내다볼 수 있도록 구멍이 패어 있지요. 그래서 이 상은 머리에 이고 양쪽의 손잡이구멍을 붙잡고 앞을 바라보면서 걸어갈 수 있도록 한 소반입니다. 요즘이야 남편이 직장에서 숙직을 해도 아내가 공고상을 이고 나가는 일이 없으므로 박물관이나 가야 볼 수 있을 것입니다.

간결하고 미끈한 다리의
나주반

전통 가옥은 부엌과 밥을 먹는 방이 떨어져 있었고 식기는 무거운 놋그릇이나 사기그릇을 썼습니다. 따라서 소반은 나르기 쉽게 가볍고 튼튼한 나무를 사용하여 만들었지요. 그 소반은 모양과 만드는 방식에 차이가 있는데 나주반와 통영반 그리고 해주반이 유명했습니다. 이 가운데 통영반은 통영 특산물인 자개를 썼고, 해주반은 중국의 영향을 받아 화려한 조각을 했지요. 그에 견주어 나주반은 장식이나 화려한 조각을 자제하여 '간결하고 미끈한 다리' 와 '견고함' 이 특징입니다.

그런데 소반을 만들 때는 최소 10년 묵은 나무를 써야 합니다. 우리 전통 목공예는 나무의 진을 빼야 하는데 사람도 성질이 안 죽으면 살인도 나고 하듯이 나무도 성질이 안 죽으면 변형이 생긴다는 것이지요. 진을 빼려면 나무를 베어다가 자연 건조를 해야 합니다. 그런 다음 만든 소반에 옻칠을 해서 완성합니다. 나주반은 행자목과 춘양목이 가장 좋은 재료로 사용되었으며, 나무무늬를 살리려고 느티나무를 사용하기도 하였지요.

참고로 전남 나주시 죽림동에는 2011년 12월 5일 전남 무형문화재 제14호 김춘식 선생의 '나주반 전수 교육관' 이 문을 열었습니다. 나주반 제작 기능을 보존하기 위해 세운 것입니다. 전수교육관은 다양한 나주반 작품이 전시된 전시실과 기능보유자의 작업 과정을 직접 보고 체험할 수 있는 시연실, 체험실, 작업실을 갖추고 있습니다. 또 한옥 구조를 재현한 전시실에서는 나주반과 전통 가구, 각종 나주목물羅州木物이 전시되어 있습니다. 간결하고 견고한 아름다움의 나주반을 만나러 가실까요?

버선장은
버선만 넣어두는 장이 아닙니다

일상생활에서 자주 쓰는 물건을 쉽게 찾아 쓸 수 있도록 머리맡에 놓고 쓴다고 하여 '머릿장' 이라고도 부르는 '버선장' 을 아시나요? 물론 버선을 넣어두는 장입니다만 꼭 버선만 넣어두는 것은 아니지요. 버선장은 안방에 두는 것으로 장농을 작게 만든 것 같은 귀엽고 아름다운 형태인데 무늬가 고운 물푸레나무나 채색이 아름다운 화각華角, 수繡, 자개 따위로 치장하지요. 애기장이라고 부르는데 안주인의 일상용품, 곧 이불, 요, 베개를 얹거나 반짇고리를 얹어두기도 합니다. 또 버선장 서랍에는 가위, 실패, 골무, 실 따위도 넣어두고 썼지요.

사랑방에 있는 머릿장은 안방의 버선
장과 달리 몸체가 단아하며, 단층 정사각
형에 문짝이 하나 혹은 두 개가 위아래로
있고 서랍이 윗부분에 두세 개가 있는 것
이 보통입니다. 그밖에 장 위에 두루마리
개판蓋板, 곧 양끝이 번쩍 들려 마치 두루
마리를 편 것 같이 보이는 널빤지를 댄

버선장

경축장經竺欌이라는 것도 있지요. 경축장은 호족형호랑이 다리 모양 다리가 대 마디竹節形
조각과 풍혈 장식風穴裝飾(가장자리를 돌아가며 잘게 새겨 붙이는 꾸밈새)으로 묵직한 운치를 자랑
하기도 합니다. 개판 위에는 필통, 연적, 서류함 같은 것을 올려놓습니다.

참고로 농과 장은 각층이 분리되는지 하나로 붙어 있는지의 차이로 나뉩니
다. 장은 농과 달리 층이 나뉘지 않고 여러 층이 있어도 하나로 붙어 있습니다.
대신 농은 각 층이 나뉘는 형태인데 주로 옷가지를 넣어두는 수납 가구입니다.
농은 원래 버들이나 싸리, 대나무 같은 것들을 엮어 만들고 겉과 속에 종이를 바
른 자그마한 가구를 말하는 것이었지요.

용이 궁궐 용마루에
올라간 까닭은?

궁궐이나 절과 같은 전통 건축
을 보면 용마루 양쪽 끝머리
에 올라 있는 상징물을 볼
수 있습니다. 이를 마루 끝
을 장식하는 기와라는 뜻으
로 망새라고 부르며, '치미'
라고도 합니다. 치미의 생
김새가 용을 잡아 먹고산다
는 전설의 새 꼬리 모습이
라고도 하며, 올빼미 꼬리
같다고 하여 붙여진 이름이
라고도 하지요. 또 치미는 물에
서 사는 어룡魚龍으로 지붕에 올려
놓으면 불을 예방한다고도 하고, 용의

치미

국립부여박물관 소장

아홉 마리 자식 가운데 멀리 바라보기를 좋아하는 이문으로 이를 지붕에 얹어놓으면 불을 막는다는 믿음도 있었습니다.

그밖에 이 치미는 건물의 권위를 나타내기도 하며, 상서로움을 나타내거나 사악한 것을 물리치는 벽사의 의미를 지니고 있다고도 하지요. 이렇게 그 유래가 다양한 치미는 청동, 기와, 돌 같은 것으로 만들어졌는데 백제를 통해서 이를 받아들였던 일본의 전통 건축물에서도 자주 발견할 수 있습니다.

불을 막으려 했다는 이 치미는 궁궐인 근정전에 올린 잡상, 경복궁 앞의 해태와 창덕궁 인정전 앞의 드므_{큰 독이라는 뜻의 우리말}와 그 만든 목적이 같은 것입니다. 그리고 불타서 복원하고 있는 숭례문 편액이나 문 앞에 남지南池라는 연못을 만든 것은 모두 화마를 막으려 했던 것이지요. 위엄을 자랑하는 옛 건축물에 불이 나면 그야말로 치명적인 손상을 입었던 까닭에 옛사람들은 이러한 화재를 막기 위한 예방책을 썼던 것입니다.

여든한 송이 홍매화로
봄을 부르는 구구소한도

난방이 시원찮았던 조선시대에 선비들은 어떻게 겨울을 났을까요? 누비옷을 입고 방 안에 화로를 두는 정도였을 겨울나기에 '구구소한도'라는 것도 한몫을 했다고 합니다. 이 구구소한도는 종이에 아홉 개의 칸을 그려놓고 한 칸에 아홉 개씩 여든한 개의 매화를 그린 다음 동지가 되면 하루에 하나씩 매화에 붉은빛을 칠해나가게 한 것을 이릅니다. 그런데 붉은빛을 칠해가는 방법을 보면 흐린 날은 매화 위쪽을, 맑은 날은 아래쪽을, 바람 부는 날에는 왼쪽을, 비가 오는 날에는 오른쪽을, 눈이 오는 날에는 한가운데를 칠하지요.

그렇게 81일이 지나면 모두 여든한 개의 홍매화가 생기고 그러면 봄이 온다고 생각한 것입니다. 또 다른 구구소한도는 아홉 개의 꽃잎이 달린 매화 아홉 개를 그려놓은 것도 있습니다. 그런가 하면 한 자에 9획으로 된 글자 아홉 개를 써서 모두 81획을 만든 것도 있지요. 이렇게 선비들은 여러 가지 방법으로 홍매화를 만들어가거나 글자를 써나가 81일째가 되는 날 봄이 왔다고 반겼던 것입니다.

중국에서 전해오는 글을 보면 "첫 아홉 날과 두 번째 아홉 날은 손을 밖으로 내놓지 않고"라는 문장으로 시작하여 "아홉 번째 아홉 날이 지나면 농사짓는 소가 밭을 갈기 시작한다네"라고 노래합니다. 옛 선비들의 겨울나기는 옷이나 음식을 준비하는 것뿐만 아니라 이러한 구구소한도를 통한 마음의 겨울나기도 했음이 흥미롭습니다.

제주 해녀들이
마음속 한을 꺼내 말리던 불턱

물질하던 옷 벗어 말리며

가슴 속 저 밑바닥 속

한 줌 한도 꺼내 말린다

비바람 치는 날

바닷속 헤매며 따 올리던 꿈

누구에게 주려 했는가

오늘도 불턱에 지핀 장작불에

무명 옷 말리며

바람 잦길 비는 해녀 순이

이한꽃 '불턱'

"여기서 불 초멍 속말도 허구, 세상 돌아가는 말도 듣고 했쥬." 제주 해녀는 불턱에 대해서 그렇게 말합니다. 불턱에서 불을 쬐면서 속에 있는 말도 하고, 세상 돌아가는 이야기도 얻어듣곤 했다는 것이지요. 제주 바닷가에 있는 불턱은 해녀들이 물질 하다가 물 밖에 나와 옷을 갈아입거나 쉬면서 공동체 의식을 다지던 곳이

해녀들의 쉼터 불턱

었습니다. 보통은 제주에 많은 돌로 담을 쌓아 밖에서 보이지 않도록 했지요.

　예전 해녀들은 물소중이 또는 잠수옷, 잠녀옷, 물옷 따위로 불리던 입고 벗기 편한 옷을 입고 바닷속에 들어가 일을 했습니다. 그리고 해녀들은 바닷물이 차갑기 때문에 자주 물 밖으로 나와 불을 쬐어 체온을 높여야 했지요. 그런 까닭으로 제주에는 바닷가 마을마다 여러 개의 불턱이 있는 것입니다. 그러나 요즘은 고무로 된 잠수옷을 입고 물질을 하고 따뜻한 물이 나오는 탈의장도 생겨서 불턱은 이제 해녀들이 찾지 않는 옛날의 추억으로만 존재합니다.

곡식 알갱이를 떨어내던
개상을 아십니까?

우리 어렸을 적에는 가을에 벼를 거둬들이면 홀태라는 기구에 대고 알갱이를 떨어내었습니다. 이 홀태가 보급되기 이전에는 개상이란 기구로 곡식을 떨어냈지요. 곧 개상은 곡식의 알갱이를 떨어내는 탈곡기구로 가상, 개샹, 챗상, 태상, 공상이라고도 했습니다. 보통은 나무였지만 널찍한 돌을 쓰기도 했구요.

보통 농가에서는 개상을 따로 준비하는 일은 드물며, 한쪽이 평평한 굵은 통나무를 그대로 엎어놓거나 절구를 가로뉘어 쓰기도 합니다. 자리개를 옮거나 볏단을 묶는 데 쓰는 짚으로 만든 굵은 줄로 단단히 묶은 볏단이나 보릿단을 어깨 위로 돌려서 머리 위로 높이 쳐들었다가 힘껏 내리쳐서 곡식의 알갱이를 떨어내는데 이를 "개상질 한다"고 하지요. 남자 한 사람이 하루에 벼나 보리 한 가마 반에서 세 가마를 떨 수 있었습니다.

개상

그러나 개상질은 아무리 잘하여도 낟알을 완전히 떨어내기는 어렵습니다. 덜 떨린 것을 따로 모아두었다가 벼훑이, 짚채처럼 집게 비슷한 기구를 써서 떨어내는데, 이것을 "짚 앗는다" 또는 "벼 앗는다"라고 합니다. 이제 농촌에서는 벼를 거둬들일 때 콤바인 같은 현대식 기계를 쓰기 때문에 개상이나 벼훑이는 물론 홀태도 박물관에나 가야 볼 수 있지요.

선비들의 벗 벼루와
문예부흥기

좋은 장인이 오랫동안 공들여
귀신의 솜씨인 양 조각했구나
대나무 곁에 매화는 피려 하고
구름 찌르며 학은 함께 난다
맑은 물결은 잔잔하게 자고
푸른 산은 가까운데도 희미해라
묵객들이 어루만진 지 오래이니

몇 번이나 붓 휘둘러 시를 지었을꼬

이 시는 조선 중기 선비 이응희가 지은 '연각매죽운학산수硯刻梅竹雲鶴山水'라는 시로 벼루에 매화, 대나무, 구름, 학, 산, 물을 새겨놓았다는 내용입니다.

이응희는 경기도 군포 수리산 아래에서 숨어 살면서 학문에 전념했던 사람이지요. 조선시대 선비들이 거처하던 사랑방에는 서안책을 얹는 재래식 책상, 고비, 책장, 사방탁자, 문갑과 함께 붓, 벼루, 먹, 종이, 문진, 연적, 연갑硯匣(벼룻집), 필가붓을 걸어 놓는 기구, 필세붓을 빠는 그릇, 필통, 향꽂이, 차 도구 따위가 있었습니다.

그 가운데서도 벼루는 '석우石友'라고 해서 선비들이 중요시했는데 선물로도 많이 주고받았습니다. 한국 벼루는 조선 세종부터 성종 시기의 문예부흥기에 많은 발전이 있었는데 특히 숙종부터 영조, 정조에 이르는 풍요로운 안정기에 매우 다양한 무늬와 형식의 고급 벼루가 많이 만들어졌습니다. 평생 붓 천 자루와 벼루 열 개를 달아 없앤 추사 김정희 역시 벼루와 각별한 정을 나누었을 것입니다.

즈믄 해를 그리워하고 있는
어머니와 아들의 석탑

전남 구례 지리산 자락에는 유서 깊은 절 화엄사가 있습니다. 화엄사는 멀고먼 인도에서 온 연기조사가 지은 절로 알려져 있는데 연기조사는 효성이 지극한 스님이었습니다. 화엄사 대웅전 뒤편 언덕을 효대孝臺라 부르는데 이곳에는 네 마리 사자가 석탑을 떠받치고 있는 사사자삼층석탑四獅子三層石塔이 있습니다.

이 석탑의 네 마리 사자가 둘러싼 한가운데에는 연기조사의 어머니가 합장을 하고 단아하게 서 있습니다. 석탑이 마주 보이는 곳에는 아담한 석등이 하나 있는데 이 속에는 연기조사의 모습이 어머니를 우러르고 있습니다. 머나먼 고국 인도에서 어렵사리 건너온 연기조사의 마음속에는 늘 어머니가 자리했는데 불철주야 아들만을 그리워했을 어머니를 그리며 즈믄 해천 년 동안 합장하고 있는 모습이 보는 이의 가슴을 뭉클하게 합니다. 대각국사 의천은 연기조사의 효심을 시로 읊었는데 효대라는 이름은 여기서 나온 말이지요.

국보 제35호로 지정된 사사자삼층석탑은 통일신라 전성기인 8세기 중엽에 만든 것으로 추정되며, 탑의 높이는 5.5미터이고 탑 안에는 부처님의 진신사리 72과가 모셔져 있습니다. 석탑을 받들고 서 있는 네 마리 사자의 얼굴은 각각 그 모습이 다른데 이는 사람의 희로애락喜怒哀樂을 표현한 것으로 알려졌습니다. 신라

오른쪽에 보이는 사사자삼층석탑 안에는 연기조사의 어머니가,
그 앞에 있는 석등에는 연기조사가 합장하고 있다.

진흥왕 5년544년에 지어진 화엄사에는 사사자삼층석탑 외에 국보 제67호인 각황
전과 국보 제12호인 각황전 앞 석등 그리고 국보 제301호인 영산회괘불탱이 있
는데 이곳은 발 아래 펼쳐진 지리산 능선이 부드러워 깊어가는 가을 단풍철을 천
년의 향기와 함께 느낄 수 있습니다.

골진 이남박의 주름은
어머니 시름

쪽진 머리에 똬리 얹어

함지박 이고 어머니 우물 가는 길

누렁이 꼬리 흔들며 따라나서고

푸른 하늘 두레박에 넘실거릴 때

이남박 가득 하얀 햅쌀

일렁이며 돌 고르던 마음

아! 어머니 마음

이한꽃 '이남박'

이남박은 예전엔 어느 집에서나 흔히 보던 물건입니다. 쌀, 보리 같은 곡식을 씻거나 돌을 일 때 쓰는 물건이지요. 이남박을 북한에서는 '쌀함박', 강원도는 '남박' 또는 '쌀름박', 경상북도는 '반팅이' 라고 불렀으며 통나무를 파서 만드는데 바가지 안쪽에는 돌을 일기 좋게 여러 줄의 골을 내었습니다. 새로 만들었을 때는 먼저 들기름을 발라 기름이 잘 배게 한 다음 마른행주로 닦아 길을 들인 뒤 썼지요.

지금은 석발기라는 돌 고르는 기계가 있어 쌀에 돌이 섞이는 일이 없지만 예전엔 자그마한 돌이나 잔모래가 으레 섞이곤 해서 쌀을 잘 일어야 했지요. 한 그릇의 밥이 밥상에 오르려면 여러 가지 과정을 거쳤습니다. 우물가로 함지박에 쌀을 이고 나가 조리로 인 다음 이남

이남박

박에 담아 졸졸졸 물을 여러 번 흘려보내야 밥에 돌이 들어가지 않게 됩니다. 이남박의 골진 주름을 보자니 예전 어머니들의 고생이 골골이 묻어나는 듯합니다.

볼수록 아름다운
숭숭이반닫이

책, 두루마리, 옷, 옷감, 제사 그릇 따위를 넣어두는 길고 번듯한 큰 궤櫃를 우리말로 반닫이라고 합니다. 앞판의 위쪽 반만을 문짝으로 하여 아래로 잦혀 여닫기

숭숭이반닫이

에 반닫이라고 하지요. 그런데 반닫이는 지역에 따라 철 장식을 쓴 남한산성반닫이, 개구멍 여닫이문을 쓴 남원반닫이, 은입사_{쇠나 구리 같은 금속에 은실을 써서 무늬를 넣는} _{세공 기법} 된 광두정_{대가리가 둥글넓적한 장식용 못}을 쓴 통영반닫이, 제비추리 경첩을 달며 안쪽 윗부분에 세 개의 서랍이 있는 전주반닫이, 백통과 놋쇠로 조촐하게 장식한 서울반닫이 같은 것들이 있습니다.

또 쇠판에 숭숭 구멍을 뚫어 무늬와 글자를 새긴 기하학적인 특성의 장식을 단 그 이름도 고운 숭숭이반닫이도 있지요. 평안도 박천 지방에서 만들어 박천반닫이라고도 부르는데 추운 지방에서 만들어졌기 때문에 단단한 나무를 쓰기보다는 무른 피나무를 써서 반닫이가 변형되지 않도록 하였습니다. 또 장식의 변형이나 빛깔이 변하는 것을 막으려고 소의 피에 삶았다고 하는데 이것이 바로 박천 지방의 공예 기술이라고 하네요.

반닫이는 모서리를 여러 갈래로 나누어 서로 물리게 하는 사개짜임으로 맞추어 궤짝을 짜고 장식을 붙였습니다. 또 윗판은 통판으로 되어 있는데 앞부분과 뒷부분의 두께를 달리하여 상판에 이불을 올려놓았을 때 흘러내리지 않도록 하는 세심함이 담겨 있지요. 요즈음은 아파트에 사는 사람이 많은데 이런 반닫이 하나쯤 집에 두면 옛스러운 멋이 집안 분위기를 확 바꿀 것입니다.

제주 사람들이
사악한 기운을 쫓던 거욱대

바람이 불고
사나운 파도 몰아치는 섬
할멍의 손자 몸에 붙으려는 귀신
훠이훠이 물러가라
물러가라
마을의 액운을 막아내는

거욱대 너머

먼 바다에서 들려오는

신의 울부짖음

파도소리 섞여 살로 파고드는 밤

오늘 밤 누가 또 죽어가는가

오 신이여!

이한꽃 '알작지 거욱대'

제주시 내도동은 반질반질하고 색이 다양한 알작지_{조약돌}로 유명한 바닷가 마을입니다. 이 마을에는 돌로 탑을 쌓으면 큰 재앙을 막을 수 있다고 해서 쌓아올린 '거욱대'라는 방사탑_{防邪塔}이 있습니다. 사람 키보다 높은 크기로 돌탑을 쌓아 올린 곳에 언뜻 보면 남성의 상징물 같은 뾰족탑이 서 있는 형태입니다. 이 거욱대는 마을 어느 한 방향으로 불길한 징조가 비치거나, 풍수지리설에 따라 기운이 허하다고 생각되는 곳에 액운을 막으려고 세웠는데 거기에 더하여 마을의 안녕을 지키며 전염병과 화재 예방, 바닷일에서의 안전과 아이를 잘 낳게 한다는 속설까지 섞여 있어 섬 지방인 제주의 고유 신앙을 엿볼 수 있습니다.

내도동 거욱대는 제주시 유형문화재 제4호로 지정되어 있는데 이 밖에도 제주시 이호동, 북제주군 한경면 용수리, 남제주군 대정읍 무릉리 등에 38기의 거욱대가 남아 있으며, 그 가운데 17기가 민속자료로 지정되었습니다. 이 거욱대

는 뭍의 솟대와 비슷한 구실을 하며
장승이나 미륵 신앙의 흔적도 엿보
입니다. 이러한 거욱대를 비롯한 민
속 유물들을 마을에서 만나면 그냥
지나치기보다는 가만히 귀 기울여
옛 사람들의 숨결을 느껴보는 것도
좋을 일입니다.

제주도 내도동 거욱대

우리 옛집 안방에
단아한 모습으로 있던 문갑

문갑文匣은 가까이 두고 쓰는 일상용품을 넣어두거나 중요한 서류 같은 것을 보관
하는 쓰임새로 사랑방이나 안방에서 쓰는 가구입니다. 천장이 낮은 한옥에서 벽
면에 시원한 여백을 주고 공간이 넓어 보이도록 높이를 낮추고 폭을 좁게 만들었
지요. 일반적으로 아랫목 옆 벽이나 뒷마당으로 난 문, 들창 아래에 두었습니다.
문갑에는 쌍문갑雙文匣과 단문갑單文匣이 있습니다.

쌍문갑

이 가운데 외짝으로 만든 단문갑은 쌍문갑에 견주어 키가 크지요. 양쪽에 뚫린 공간은 두루마리나 편지를 꽂을 수 있게 한 것이며, 서랍과 문짝이 달려서 물건을 넣을 수 있게 한 공간에는 자물쇠를 채울 수 있게 해서 중요한 것들을 보관하게 했습니다.

그런가 하면 쌍문갑은 두 개가 한 조를 이루는 전형적인 문갑인데 앞면에 네 개의 문을 달아 내부가 보이지 않도록 했습니다. 내부에는 중심에 두 개의 서랍이 있고 좌우에는 선반이 있지요. 문은 왼쪽에서 세 번째 문을 위로 밀어 떼어낸 후 나머지 문들을 그 자리로 밀어서 떼어내는 두껍닫이문 형식입니다. 이러한 문은 쉽게 여닫을 수 없어 일상 생활용품을 넣기보다는 귀중한 물건을 안전하게 보관하는 용도로 쓰였을 것으로 보입니다. 문에는 뒤틀림을 막으려고 둘레에 대는 테두리 나무인 문변자를 대고 가운데 판은 먹으로 채색하여 색의 대비 효과를 살렸지요. 이제 이런 문갑은 우리네 방에서 사라지고 없지만 참 단아하고 아름다운 가구입니다.

단순함이 주는 멋,
사방탁자

조선시대 선비들이 거처하던 사랑방에는 선비의 특징을 보여주는 가구들이 있었습니다. 사방탁자四方卓子도 그 가운데 하나인데 다과茶菓, 책, 가벼운 꽃병 따위를 올려놓는 네모반듯한 탁자를 말합니다. 선반이 너덧 층으로 되었으며 널빤지로 판을 짜서 가는 기둥만으로 연결하여 사방이 트이게 했지요. 사방이 터졌기 때문에 사방탁자라고 하는데 제일 아래층을 장欌 형식으로 짠 것도 있습니다.

골격이 가느다란 각목으로 이루어지는 이 가구는 강도 면에서나 역학적인 면에서나 짜임새가 단단해야 하므로 골조骨組로는 배나무나 참죽나무를, 널빤지 재료로는 오동나무나 소나무를 쓰고, 앞면은 먹감나무나 느티나무의 결을 그대로 살려줍니다.

간결한 구성과 쾌적한 비례로 좁은 한옥 공간을 시원하게 보이는 효과를 주고 있는데, 이러한 단순함이 주는 아름다움 때문에 현대적 감각에 가장 가까운 가구로 평가받지요. 또 사방탁자는 앙상한 뼈대 사이로 기품이 유유히 흘러 선비의 방을 한층 안정감 있고 돋보이게 합니다. 이제 우리의 방에도 사방탁자를 놓음으로써 조선시대 선비의 기풍을 느껴보면 어떨까요?

겨레의 슬기로움이 담긴 맷돌

얼굴 곰보처럼 얽었다고

그대를 흥본들 무슨 상관이랴

우리들 끼리끼리 어깨 맞대고

가르릉 가르릉 세월 갈면서

향긋 향긋 향기 짜내는 일

이보다 더 고소한 맛 세상에 또 없으리

가르릉 가르릉 갈면서 생각도 지우고

가르릉 가릉 갈면서 회한도 지우고

김인환 '맷돌'

곡식을 갈아서 가루로 만들 때나 물에 불린 곡식을 갈 때 사용하는 기구를 맷돌이라고 합니다.

맷돌의 한 종류로 풀매라 하여 옷에 먹일 풀을 만들려고 물에 불린 쌀을 곱개 가는 맷돌도 있습니다. 흔히 한 사람이 손잡이를 돌리고 다른 한 사람은 아가리ᄀ 명에 곡식을 넣습니다. 그러나 맷돌이 크고 갈아야 할 곡물이 많을 때에는 맷손잡이매손에 가위다리 모양으로 벌어진 맷손을 걸고 두세 사람이 노를 젓듯이 앞뒤로 밀어가며 갈기도 하지요.

우리나라 맷돌은 중부와 남부 두 지방
의 것이 다릅니다. 중부 지방의 맷돌은 위
쪽, 곧 암맷돌과 아래쪽 숫맷돌의 크기가
같고, 둥글넓적하여 맷돌을 앉히기가 좋
은 매함지둥글고 넙적하여 맷돌을 앉히기 좋은 함지나
멍석을 깔고 쓰게 되어 있습니다. 그러나
남부의 것은 숫맷돌이 암맷돌보다 넓고

남부 지방의 맷돌

크며 한쪽에 주둥이까지 길게 달려서 매함지나 매판을 쓰지 않지요. 크기는 매우
다양하여 작은 것은 지름 20센티미터이고 큰 것은 1미터가 넘는 것도 있습니다.

맷돌에도 우리 겨레의 슬기로움이 담겨 있습니다. 아래 숫맷돌은 고정하고
위의 암맷돌을 돌리는데 이때 원심력이 생기며, 이 원심력과 함께 달팽이 모양의
홈이 파인 암맷돌 밑부분을 통해서 곡물이 바깥으로 쉽게 밀려나가게 했지요.
또 둥글게 만든 것은 바람을 통하게 하여 열이 발생되는 것을 막아, 식물성 물질
이 변질 없이 잘 으깨지도록 합니다. 요즈음 흔히 쓰는 믹서기가 시끄러운 기계
음이 나는 것과는 달리 맷돌 돌아가는 소리는 정겹습니다.

시골 마을에서 만나는
정겨운 담

완연한 봄이 되면 진달래, 개나리, 산수유 꽃이 온 산과 들에 흐드러지게 핍니다. 이 시기에 시골 마을에 들어서서 정겨운 담 길을 걸으면 마음이 편해집니다. 시골 담들은 재료를 자연에서 찾습니다. 돌담, 흙담, 기와 조각담, 화초담, 싸리 울타리, 대나무 울타리, 탱자나무 울타리까지 그 종류가 무궁무진하지요.

이런 담이나 울타리들은 대부분 키가 나지막합니다. 담 안으로 안방 문이 보이고, 팔짝 뛰어넘으면 안으로 들어갈 수도 있을 정도입니다. 이들 담은 나와 남 사이에 벽을 만들려 한 것이 아니라 그저 소박한 경계를 표시하는 것일 뿐입니다. 한옥 방문의 문틈에 적당히 바람이 드나들도록 문풍지를 단 것과 같은 이치지요. 또 담은 집 안에서 밖을 볼 때 고개를 빼들지 않고도 바로 산과 들을 바라볼 수 있어서 자연과 늘 함께하고 있다는 생각을 갖게 합니다.

돌담에 쓰인 돌들을 보면 삐뚤삐뚤하고 크기도 들쭉날쭉한, 그야말로 제멋대로 돌을 쌓은 느낌이 듭니다. 그냥 놔두면 아무 쓸모가 없을 돌을 모아 담을 쌓음으로써 그 돌들에 생명을 불어넣은 것이지요. 억지로 규격화한 벽돌과는 그 차원이 다릅니다. 이런 한옥의 담들은 울퉁불퉁한 나무를 그대로 기둥으로 쓴다거나 언덕을 깎아내지 않은 채 있는 그대로 땅에 맞춰 집을 짓는 것과 같은 맥락입니다. 크기와 일정한 모양새를 자랑하는 현대식 건축물이 세상을 뒤덮어 갈수록 한옥의 담들이 주는 편안함은 우리가 돌아갈 고향이 어디인가를 새삼 느끼게 해 줍니다.

누렁소 써레질하던
내 고향 들녘

누렁소 허연 침 흘리며 써레질하고

뒷산 뜸부기 해지도록 노래하던 고향

모내기 날 받아놓고 가물던 그때

앞집 아저씨 뒷집 삼촌 멱살 잡고 싸우셨지

논배미 물 대던 아저씨들 싸움소리 사라진 자리

밥값 한다고 못단 들어 대주고

못줄 잡던 코흘리개들

콤바인 이앙기 사가지고 돌아온 고향

써레 사라지고

기계음 소리 놀라 뜸부기도 가버린 들녘

 이고야 '써레질 풍경'

써레는 갈아놓은 논바닥의 흙덩이를 부수거나 바닥을 판판하게 고르는 데 쓰는
농사 도구입니다. 써레는 긴 나무토막에 둥글고 긴 이齒 6~10개를 갈퀴처럼 나란
히 박고 위에는 손잡이를 가로로 대었지요. 이 써레는 소 멍에에 잡아매어 소가
끌도록 했습니다. 몸체는 소나무를 쓰지만 갈퀴 부분은 참나무나 박달나무처럼
단단한 나무를 쓰기도 했습니다. 흔히 논에서 쓰는 것을 '무논써레', 밭에서 쓰
는 것을 '마른써레'라 합니다.

농부는 바짓가랑이가 흙범벅이 되면서 써레질을 합니다. 그러면 어디선가 뜸

지금은 보기 드문 써레질하는
농부

부기 소리가 꿈결처럼 들려오고, 소 부리는 농부가 "워~ 워~" 하는 걸쭉한 소리
로 화답하는 게 참으로 구성집니다. 논배미 써레질하다가 목 축이는 막걸리 한
잔과 새참은 그 어떤 산해진미도 부럽지 않습니다. 써레로 농사짓던 풍경은 이
제 한 장의 흑백 사진 속에서만 정겹게 남아 있습니다.

<h2 style="text-align:right">세상에서 가장 아름다운
바둑판</h2>

바둑은 오랜 옛날부터 우리 겨레가 즐겼던 놀이의 하나로 한국과 중국, 일본 세
나라가 모두 좋아합니다. 그래서 바둑판을 아끼는 이들도 많았고, 대단히 아름다
운 바둑판도 전해져 옵니다. 특히 백제 마지막 임금인 의자왕이 일본에 선물한
바둑판이라고 알려진 목화자단기국木畵紫檀碁局은 그 화려함이 대단하지요. 목화자
단기국은 일본 왕실의 보물을 보관하는 곳인 나라奈良 시의 정창원에 보관 중인
데 상아로 새겨진 옆면의 그림이 너무도 아름다워 최고의 예술품으로 꼽습니다.

　그밖에 일본 도쿄국립박물관에 소장된 용과 호랑이 무늬의 바둑판인 용호문
나전기반龍虎文螺鈿碁盤도 그 우아한 자태를 뽐냅니다. 또 재일동포가 운영하는 교토

의 고려박물관에도 아름다운 바둑판이 있습니다. 바로 나전장생문기반螺鈿長生文碁盤이 그것인데 바둑판에 십장생 무늬를 새겨 넣었습니다. 특히 이 바둑판은 열여섯 개 돌을 미리 놓고 두는 한국 고유의 바둑인 순장바둑을 두는 판으로 요즘 45센티미터×42센티미터 크기의 바둑판과 달리 45센티미터×45센티미터로 정사각형입니다. 그리고 이 바둑판은 바둑돌을 놓을 때마다 맑고 경쾌한 소리가 난다고 하니 가히 예술작품이 아니고 무엇일른지요.

바둑을 다른 이름으로는 혁奕, 혁기奕棋, 위기圍棋라고 합니다. 한 나무꾼이 선인仙人들이 바둑 두는 것을 구경했는데 도끼자루 썩는 줄도 모를 정도로 세월이 지나 있었다는 이야기에서 유래한 난가爛柯라는 말도 있습니다. 또 말이 통하지 않는 사람끼리라도 바둑을 두면 마음이 통한다는 뜻의 수담手談이라는 말도 있습니다.

자격루는 요즘 말로 하면
자명종 물시계

자격루自擊漏를 백과사전에서 찾아보면 "자동으로 시보를 알려주는 장치가 되어 있는 물시계"라고 나옵니다. 요즘 말로 하면 바로 자명종 물시계가 되는 것이죠.

다시 말하면 자격루는 물의 흐름을 이용하여 만들어 자동시보장치까지 갖춘 물시계로 세종 16년1434년에 장영실 등이 주관하여 만든 것입니다. 이 자격루는 세종이 펼친 천문기구와 시계를 만드는 사업, 곧 간의대사업簡儀臺事業의 중요 품목이지요.

자격루는 대파수호에서 중파수호로 중파수호에서 소파수호로 물을 흘려보내 시간을 가늠케 합니다. 그런 다음 24시간 동안 두 시간에 한 번 종을 치게 하고, 해가 진 다음부터 해가 뜰 때까지는 20분마다 북과 징도 치게 했습니다. 동시에 시간마다 자子, 축丑, 인寅, 묘卯 등 12지신 글씨 팻말을 쥔 인형들이 나와 시간을 알려주기도 하지요.

세종이 자격루를 만들라고 한 계기는 파루罷漏(새벽녘 통행금지의 해제를 알리기 위해 북을 치는 일)를 치는 군사가 격무에 시달려 깜빡 조는 바람에 파루 치는 시간을 놓쳐 매를 맞는 것을 본 이후입니다. 시간을 알려주는 기계를 만들면 군사가 꼬박 시계만 들여다보는 수고로움을 덜 수 있다고 생각한 세종의 백성 사랑이 자격루를 만들었다고 해야 하지요. 또 이 자격루는 당시 중국도 만들지 못한 것으로 장영실 등 우리 기술자들의 과학 기술이 이루어낸 뛰어난 발명품입니다.

양반과 평민이 함께 신던
짚신

짚신은 볏짚으로 삼은 신발이며, 초혜草鞋라고도 합니다. 또 짚신과 같은 모양이지만 삼麻이나 노끈으로 만든 것을 '미투리' 라 하며 이는 짚신보다 훨씬 정교하지요. 짚신의 역사는 약 2000여 년 전 마한시대까지 거슬러 올라갑니다. 중국 송나라의 마단림馬端臨은 《문헌통고文獻通考》에서 "마한은 초리草履를 신는다"라고 적었는데 이 초리가 바로 짚신입니다.

조선 후기 실학자 성호 이익은 《성호사설》에서 "왕골신과 짚신은 가난한 사람이 늘 신는 것인데 옛사람은 그것을 부끄럽게 생각하지 않았다. 지금 선비들은 삼으로 삼은 미투리조차 부끄럽게 여기고 있으니, 하물며 짚신이야 말해 무엇하겠는가?"라고 개탄합니다. 이익의 개탄처럼 조선 후기로 오면서 짚신 신는 것을 부끄럽게 생각하는 풍조가 생겼지만 이전에는 정승을 했던 선비들도 짚신을 예사로 신었습니다.

짚신은 원래 처음 삼을 때는 왼쪽 오른쪽 구분하지 않고 똑같이 만듭니다. 다만 오래 신으면 모양이 변형되어 오른쪽, 왼쪽으로 나눠지는 것이지요. 또한 조선 초기에는 양반과 평민 사이에서 의복은 분명이 구분되었지만 짚신은 양반, 평민 할 것 없이 같이 신는 평등한 신이었습니다.

옷장 여닫이문에 단
아름다운 경첩

나비경첩

나무로 된 가구를 오랫동안 쓰려면 각 모서리와 여닫이문 손잡이에 쇠붙이를 덧대야 했습니다. 그래서 경첩, 들쇠서랍이나 문짝에 다는 반달 모양의 손잡이, 고리, 귀장식가구의 모서리에 대는 쇠붙이 장식, 자물쇠 같은 것들을 만들어 붙였지요. 이런 것들을 통틀어 장식裝飾이라고 부르는데 보기 흉한 못 자국을 가려주고 옷장의 품위를 지켜줍니다.

이 가운데 경첩은 여닫이문을 달 때 한쪽은 문틀에, 다른 한쪽은 문짝에 고정하여 문짝이나 창문을 다는 데 쓰는 철물을 이릅니다. 잘 깨지지 않도록 대개 구리에 주석과 아연을 섞어 만들었는데 쓰임새와 가구 종류에 따라 모양이 매우 다채롭습니다.

경첩은 겉으로 드러나지 않는 부분도 있지만 드러날 때는 섬세한 무늬가 바라다보기만 해도 신기하고 아름답습니다. 경첩은 모양새에 따라 동그레경첩, 이중병풍경첩, 제비추리경첩, 구름경첩, 난초경첩, 나비경첩, 호리병경첩, 박쥐경첩 따위로 불렸습니다. 지금은 고가구가 별로 없어 경첩을 보기도 어렵지만 아름다운 경첩은 소중한 예술 작품이자 문화유산입니다.

비단으로 만든
아름다운 헌경왕후 교명

조선시대는 왕비, 왕세자, 왕세자 빈 등을 책봉할 때 교명敎命과 책인册印을 내렸습니다. 여기서 교명은 누군가를 책봉할 때 내리는 가르침 문서로 처음에는 그 사

헌경왕후 왕세자빈 책봉 교명

람의 재주와 덕을 얘기하고, 중간에는 관직에 임명하는 뜻을 말하며, 마지막에는 열심히 일하고, 바르게 경계하라는 글을 적습니다. 또 책인은 도장을 말하지요.

이렇게 쓴 교명은 두루마리로 만들어 뒤에 종이나 비단 같은 것으로 꾸미게 됩니다. 이것을 지금은 보통 표구表具라 하지만 표구는 일본에서 건너온 말이고, 우리는 장황裝潢이라고 했습니다.

현재 남아 있는 교명은 임진왜란 이후인 인조 때부터 고종 때까지 것으로 모두 32개인데 이 가운데 28개가 국립고궁박물관에 소장되어 있습니다. 그러나 상설 전시관에서는 장조사도세자가 죽은 뒤 붙여진 이름 비인 헌경왕후 것만 볼 수 있습니다. 한 폭의 비단 그림을 보는 듯 화려한 교명을 보면 조선시대 장황 기술이 뛰어났음을 알 수 있습니다.

국립고궁박물관 소장

제주도 아기바구니
애기구덕

자랑 자랑 왕이 자랑

저레 가는 검둥 개야

이레 오는 검둥 개야

우리 애기 재와 도라

느네 애기 재와 주마

아니 아니 재와 주민

질긴 질긴 총배로

손모가리 발모가리

걸려 매곡 걸려 매영

짚은 짚은 천지소에

뱉난 날은 드리치곡

비온 날은 내치키여

제주도에서 전해지는 아기를 애기구덕에 눕혀 놓고 부르는 자장가입니다. 노래
는 검둥개에게 아기를 재워달라고 합니다. 만일 재워주지 않으면 손발을 묶어서

깊은 천지 연못에 빠뜨린다며 협박하지
요. 애기구덕은 제주에서 아기를 눕혀
재우는 바구니를 말합니다. 보통 아이를
낳아 사흘 뒤부터 구덕에 눕히기 시작하
여 세 살까지 키웁니다.

애기구덕

옛날 제주 여성들은 아기를 낳고 몸
조리할 여유도 없이 일터로 나가야 했습니다. 이때 아기를 눕혀놓고 일할 수 있
도록 해주는 애기구덕은 꼭 필요한 바구니였지요. 한쪽 발로 구덕을 흔들면서
다른 일을 하기도 하고, 구덕을 바닥에 놓아두고 일하기도 했습니다. 이동할 때
는 아기를 구덕에 눕힌 채 짊어지고 다녔습니다. 애기구덕은 소중한 우리 문화
재이지만 이제 애기구덕을 짊어진 여성은 볼 수가 없습니다.

무늬벽돌 한 장 속에 스민
백제 예술

1937년 3월 충남 부여 규암면 외리 절터로 짐작되는 곳에서 농부가 보리밭을 갈

산경문 벽돌

다가 무늬가 있는 벽돌을 발견했습니다. 이 무늬벽돌들은 백제 말기인 7세기 중엽에 만들어진 것으로 짐작되는데, 정사각형에 가까우며, 가로 세로 길이가 각각 29센티미터 안팎, 두께가 4센티미터입니다. 이 무늬벽돌 표면에는 각각 연꽃무늬의 연화문蓮花紋, 소용돌이치는 구름무늬의 와운문渦雲紋, 승천하지 못한 용무늬의 반룡문蟠龍紋, 산 모양 무늬의 산경문山景紋 등 여덟 종의 무늬가 돋을새김陽刻 되었습니다. 이런 문화재 덕에 백제 문화가 삼국시대 세 나라 가운데서 단연 뛰어나다는 평가를 받습니다.

이 가운데 특히 산경문은 동글동글한 산 모양이 더없이 부드러우며, 살짝 두드러진 돋을새김에 한 겹 얇은 테두리를 둘러 현대적인 디자인 감각마저 느낄 수 있습니다. 이러한 무늬 하나하나는 별 의미가 없어 보여도 여럿의 산 모양이 어울리면 우락부락 하지 않은 곡선미가 자연스럽고 완만한 전형적인 한국의 산천 모습으로 나타나는 게 특징이지요.

이 벽돌은 네 모서리가 각기 홈이 파여 여러 무늬벽돌을 연결하여 깔 수 있게 되어 있습니다. 벽 장식용으로 쓰였을 법한 벽돌들을 바닥에 연결하여 깔았다면 그보다 더 세련되고 우아한 장식은 없을 것입니다. 벽 장식이든 바닥 장식이든 용도를 불문하고 백제인이 만든 무늬벽돌 한 장을 통해 들여다보는 그들의 삶과 예술성은 그 어느 곳에서도 흉내 낼 수 없는, 시대를 초월한 미의식이 낳은 수준 높은 예술입니다.

104개 바람방울 단 보현사 석탑

바람 따라 살랑살랑 흔들리는 바람방울
하늬바람 솔바람 산들바람 가리지 않고
딸랑딸랑 딸그르르르 몸 떨어 울어준다네
석수장이 맘씨 고운 아내
첫아이 낳다 저승길 갈 때
외롭지 말라고 바람 방울 달아 두었네
보현사 부처님도 빌어 주는 극락왕생 길
딸랑딸랑딸랑 나무아미타불

보현사 석탑

이고야 시인의 '보현사 석탑 바람방울' 이란 시입니다. 북한에는 우리가 잘 알고 있는 겨레의 영산인 백두산과 빼어난 절경의 금강산 외에도 아름답기로 유명한 묘향산이 있지요. 묘향산은 높이 1,909미터로 산세가 기묘하고 향기를 풍기는 산이라 하여 11세기 초부터 묘향산이라 불렀으며 예부터 조선팔경의 하나로 알려져 왔습니다.

묘향산의 보현사 대웅전 앞에는 고려시대 석탑을 대표하는 8각 13층 석탑이 있는데 이 석탑은 고구려식 탑으로 석탑 각 층 지붕 모서리에는 모두 104개의 바람방울이 달렸습니다. 여성들이 귀걸이 하듯 모서리마다 달린 방울은 보기에도 아름답지만 바람이 산들산들 불면 제각각 소리를 내 묘향산을 울려주는 운치도 그만이지요. 임진왜란 때 의병을 일으켜 나라를 구한 서산대사가 입적한 이곳의 바람방울을 울려줄 통일의 바람은 언제 불는지요?

한옥집 마지막 매듭 빗장

'빗장수비'라고 들어보셨나요? 이탈리아 축구대표팀 '아주리 군단'은 빗장수비로 유명하지요. 아무리 뚫으려 해도 빗장을 지른 것처럼 뚫리지 않는 수비 덕분에 붙은 별명입니다. 한옥 문에는 이 빗장이 또 다른 자물쇠 구실을 합니다. 한옥을 짓는 마지막 매듭이 빗장이라고 할 정도로 한국 전통 건축은 빗장에 공을 들였습니다.

빗장은 문을 굳게 닫기 위하여 판문板門 안쪽에 가로지른 두터운 나무를 말하며 구멍을 파 빗장을 질러 넣어 걸리도록 덧대어 놓은 나무를 둔테빗장걸이라고 하지요.

빗장은 주로 거북무늬가 많이 쓰이는데 그 까닭은 거북이 십장생의 하나이기 때문입니다. 또 거북의 머리는 남성의 생식기를 닮아 생명과 다산, 번창의 기원을 담고 있기 때문이기도 합니다. 특히 암수 거북 가운데 수컷의 머리가 좀 더 크고 울퉁불퉁하지요. 요즘 흔히 쓰는 도어록에서는 찾아볼 수 없는 해학과 예술성이 빗장 하나에도 곁들여 있음을 새삼 깨닫게 됩니다.

똬리 속에 감춰진 슬기로움

시오리 장터
장리쌀 한 말 이고
등 업힌 어린 손자
삽사리도 따라 나선 길
싸전 옆 똬리 풀고
국밥 먹는 할매
지난겨울 깨진 고추장독
새로 실한 옹기 골라
똬리 받혀 이고 돌아가는 길
어린 손자 코 흘리다 등잠 들고
초저녁 샛별 아래
삽사리 저만치 혼자서 가네

이한꽃 '똬리'

똬리는 물동이나 짐을 일 때 머리 위에 얹어서 짐을 괴는 고리 모양의 물건으로
지방에 따라 또아리, 또가리, 또야리, 또바리 따위로 불립니다. 짚이나 왕골, 골

170

풀, 헝겊, 죽순 껍질 따위로 만들지요.

똬리에는 끈이 달려 있는데 짐을 들어올릴 때 입으로 끈을 물면 똬리가 떨어지는 것을 막아주지요. 똬리는 머리에 짐을 일 때 짐이 무거워 머리가 아파오는 것을 줄여주며 물항아리를 올릴 때는 균형도 잡아줍니다. 이러한 똬리가 없었다면 여성들이 머리에 무거운 짐을 인다는 생각은 어려웠을 것입니다.

광주시 광산구 신창동 유적사적 375호에서 싸리비와 함께 똬리가 발굴돼 우리 겨레는 2000년 전에도 똬리를 썼던 것으로 확인되었습니다. 예전 남성들이 지게로 짐을 날랐다면 여성은 이 똬리로 무거운 짐을 날랐습니다. 프랑스 민속학자 샤를르 바라도는 "지게는 양 어깨와 등의 힘을 조화시킨 창의적이고 과학적인 운반기구다"라고 했는데 똬리도 그에 못지않은 지혜로운 물건이 아닐까요?

한 해의 복이 쌀알처럼 일어나라는 복조리

예전엔 섣달그믐 자정이 지나면 복조리 장수들이 집집이 누비며 복조리를 팔았고 아낙네들은 다투어 복조리를 사는 풍경이 있었지요. 복조리를 살 때는 값을 깎지도 무르지도 않았습니다. 값을 깎는 것은 복을 깎는 것으로 여겼기 때문입니다. 이렇게 산 복조리에는 동전이나 엿을 담아 문이나 벽에 걸어 놓아 복을 비손했습니다.

쌀을 일어 돌을 골라낼 일이 없는 요즘 복조리는 사라진 지 오래지만 예전엔 부엌 살림의 필수품이었지요. 조리는 주로 대오리, 버들가지, 산죽, 싸리로 엮어 만들었습니다. 조선 후기의 농업 백과사전인 《임원경제지林園經濟志》에 대를 가늘게 쪼개 국자 모양으로 만들었다는 기록이 있는데 이것이 바로 조리를 말하는 것으로 보입니다. 1925년에 펴낸 최영년의 시집 《해동죽지海東竹枝》에는 "예로부터 섣달 그믐날의 해가 저물면 복조리 파는 소리가 성 안에 가득하다. 집집마다 사 들여서 붉은 실로 매어 벽에 걸어둔다"라는 기록이 있을 정도입니다.

조리질하는 방향은 복이 집 안으로 들어오라는 뜻으로 집 안쪽을 향했고 한 해의 복이 쌀알처럼 일어나라는 뜻을 담아 한 해 동안 쓸 조리를 새해 첫 날에 샀습니다. 그런가 하면 남정네들은 복을 갈퀴처럼 긁어모으려고 복갈퀴를 사기도 했지요. 이제는 복조리와 복갈퀴를 사고팔거나 벽에 걸어두는 풍습은 볼 수 없습니다. 하지만 그 옛날의 아름다운 정경을 다시 살려 설날에 복조리를 선물로 주고 복을 빌어주면 어떨까요?

고려시대 금속공예
최고 명작 금도금주전자

보스턴박물관 소장

고려 은제금도금주전자

나라 밖에 있는 우리 문화재는 모두 7만 6,143점이며, 이 가운데 환수된 문화재는 7,466점에 불과하다고 합니다. 특히 나라 밖의 문화재 가운데 절반에 가까운 3만 4,369점이 도쿄국립박물관 등 일본에 있는데 상당수가 임진왜란과 일제강점기에 약탈이나 불법 매매에 의해 유출된 것들입니다. 그밖에 6·25전쟁을 전후해서는 미국으로도 많은 문화재가 유출되어 1만 8,635점의 우리 문화재가 미국에 있으며, 약탈이나 불법 거래 같은 것들로 인해 영국, 프랑스, 독일, 중국, 캐나다, 러시아 등 모두 20개 나라에도 우리 문화재들이 나가 있습니다.

나라 밖, 특히 미국의 우리 문화재 가운데 가장 눈에 띄는 것은 보스턴박물관이 소장한 은제금도금주전자입니다. 12세기에 만들어진 이 주전자는 은으로 만든 다음 금도금을 한 작품으로 마치 금 주전자처럼 보이는데 고려시대 금속 공예의 최고 명작으로 꼽히지요. 이 주전자의 몸체는 대통 모양으로 품위 있어 보입니다. 목은 연꽃 봉오리로 꾸몄으며, 뚜껑 위에는 봉황이 우아한 자태로 앉아 있습니다.

보통 고려시대 작품으로는 청자만 연상하기 쉽지만 이렇게 멋진 은제 금도금 작품도 있습니다. 그런데 이런 멋진 작품을 미국에 가야만 볼 수 있으니 안타까운 마음입니다. 물론 정상적인 경로를 통해 사간 문화재야 어쩔 수 없지만 약탈당한 수많은 나라 밖 문화재가 금의환향하기를 고대합니다.

얼굴무늬 수막새
탐라인의 미소

한옥 지붕에 얹는 기와에는 암키와와 수키와가 있으며 처마 끝에는 끝막음을 하는데 암키와로 막은 것은 암막새, 수키와로 막은 것은 수막새라고 하지요. 막새에서 무늬가 있는 부분은 와당이라고 하구요. 우리나라는 예부터 기와가 발달해서 이 수막새도 고구려, 백제, 신라가 각각 특징을 가지고 있습니다.

그 수막새 가운데 국립경주박물관에 전시된 '신라인의 미소'를 보는 사람은

누구나 그 미소에 반하지요. 마치 두터운 얼음장
마저 녹일 듯한 따스한 미소를 띠면서도, 꼭
다문 입이 오뚝한 콧날과 함께 외유내강
한 신라 여인의 모습을 잘 표현한다는 평
가를 받고 있습니다.

탐라인의 미소

   그런데 제주도에 '탐라인의 미소' 라
불리는 수막새도 있습니다. 여인의 얼굴이
조각되어 있는 이 수막새는 1960년대 초기에 한
절터에서 발견된 것입니다. 이 수막새는 척박한
땅, 바람 많은 고장에서 시달리며 살아온 제주 여
인의 얼굴이 기와 와당으로 들어간 모습입니다. 풍요로운 얼굴에서 원만하고 너
그러우며 포근한 제주 여인의 심성을 엿볼 수 있으며, 빼어난 예술성을 느낄 수
있습니다. 얼핏 보면 아이들이 그려 놓은 해님의 모습과도 비슷합니다. 제주민
속박물관에 전시된 이 '탐라인의 미소' 는 제주도 돌하르방과 함께 탐라인의 소
탈한 모습을 볼 수 있는 귀중한 유물입니다.

백제금동대향로 향기와
내면의 향기

옛날 선비들은 운치 있는 네 가지 일
로 사예四藝를 들었는데, 사예란 향을
피우고, 차를 마시고, 그림을 걸고, 꽃
을 꽂는 것입니다. 심신수양 방법으
로 거처하는 방 안에 향불을 피운다
하여, '분향묵좌焚香默坐'라는 말도 있
지요. 선비들은 책을 읽을 때와 시를
지을 때, 차를 마실 때, 손님을 맞을 때
으레 옷을 단정히 가다듬고 향을 살랐
다고 합니다. 특히 부부가 잠자리에
들 때는 사향을 두고 난향이 나는 촛
불을 켜두었습니다.

© 이미영 촬영

백제금동대향로

　우리의 옛 여인들 몸에선 항상 은은한 향이 풍겼습니다. 향수와 향로 제조 기
술은 어진 부인이 꼭 가져야 할 덕목이었다고 하지요. 또 모든 여자들이 향주머
니를 노리개로 찰 정도였습니다. 그뿐만 아니라 부모의 처소에 아침 문안을 드

리러 갈 때는 반드시 향주머니를 차는 것이 법도로 되어 있었습니다.

1993년 12월 12일 충남 부여 능산리에서 출토되어, 1,500여 년 땅속에 묻혀 있다가 햇빛을 본 '백제금동대향로'를 보면 우리 겨레는 오랜 옛날부터 향을 생활화했음을 알 수 있습니다. 이처럼 향을 피워 주변을 향기롭게 하는 것만큼 내면에서 우러나는 향기까지 지닌다면 더없이 아름다울 것입니다.

횃대를 놓아 긴 옷을 보관했던
의걸이장

이쁜 손녀 세상 나온 날
할배는 뒤란에 오동나무 심었다
곱게 키워
시집보내던 날
아버지는
오동나무 장 만들고
할매와 어머니는

서리서리 고운 꿈 실어
담아 보냈다.

🕊 이고야 '오동나무'

예전에는 오동나무 장롱을 비롯하여 만든 재료에 따라 지장紙欌, 자개장, 비단장, 화각장, 삿자리장, 주칠장朱漆欌, 죽장竹欌, 용목장, 화초장, 먹감나무장처럼 이름을 헤아리기도 어려울 만큼 다양한 장롱이 있었고 용도에 따라 버선장, 반닫이, 머릿장, 의걸이장, 문갑, 경상, 궤안, 뒤주, 고비 따위의 온갖 아름다운 가구들로 넘쳐났습니다. 그러다가 입식 생활을 하면서 침대가 놓이고 소파와 책상이 들어오면서 방 안에 있던 아담한 전통 가구들은 하나 둘 사라졌습니다. 그 자리엔 커다란 텔레비전이나 서랍장 같은 것이 자리를 잡았지요.

우리 겨레가 썼던 장 가운데 의걸이장이 있는데, 이는 위쪽 가운데에 횃대를 가로질러 놓고 도포, 창의, 두루마기 같은 긴 옷을 걸어서 구겨지지 않게 보관했으며, 아래는 여닫이 모양으로 되어 있어 옷을 개어 넣어두었지요. 의걸이장의 재료는 나뭇결이 아름다운 오동나무를 쓰며, 앞면에는 산수·매화·대나무 그림 또는 시문詩文을 음각하거나, 운룡雲龍·호랑이처럼 민화 풍의 그림을 양각하기도 하고, '아亞' 자나 '불卍' 자 같은 글자를 창살 모양으로 한 것들이 있습니다. 침대가 안방을 차지한 요즈음 옷장은 장롱을 비롯하여 천장 끝까지 닿을 만큼 높지만 예전 의걸이장은 사람 키만 한 게 아담하고 멋스러웠습니다.

아름다운 목소리의 새
가릉빈가 무늬로 만든 기와

국립중앙박물관에 '가릉빈가무늬수막새迦陵頻伽文圓瓦當' 라는 기와가 있습니다. 가릉빈가는 산스크리트어 '갈라빈카' 를 한자를 빌려 쓴 차자借字로 극락정토 설산雪山에 살며, 머리와 윗몸은 사람 모양이고, 아랫몸과 날개 · 발 · 꼬리는 새 모습을 하고 있지요. 아름다운 목소리로 울며, 춤을 잘 춘다고 하여 호성조好聲鳥, 묘음조妙音鳥, 미음조美音鳥, 선조仙鳥 같은 별명이 있습니다.

가릉빈가무늬수막새는 이 새의 무늬를 조각한 수막새 기와입니다. 막새는 처마 끝에 나온 암키와暗막새와 수키와수막새를 말하는 것으로 기와 한쪽 끝에 둥글게 모양을 낸 부분인데 · 동그란 모양 · 반달 모양 · 세모꼴 모양이 있으며, 여러 가지 무늬로 장식되어 있지요. 이 가릉빈가무늬수막새는 통일신라 때에 흙으로 빚은 것인데 문무왕 19년679년에 완성된 사천왕사사적 제8호, 경주시 배반동 낭산 기슭 터에서 발굴되었

가릉빈가무늬수막새

습니다.

출토되는 수막새는 연꽃무늬, 바람개비무늬, 넝쿨무늬, 보상화무늬, 인동초무늬, 얼굴무늬, 도깨비무늬, 용무늬, 봉황무늬 같은 다양한 무늬가 새겨져 있어 당시의 뛰어난 예술성을 엿볼 수 있습니다. 전통 한옥에 보면 이처럼 지붕을 꾸미는 기와에서부터 창살 문양 하나에 이르기까지 우리 조상은 현대 서양 건축에서는 찾아볼 수 없는 아름다움을 수놓을 줄 알았지요.

대동여지도,
조선의 어떤 작품이나 발명품보다 빛나는 것

대저 大東輿地圖대동여지도란 朝鮮조선의 全域전역을 그리되 북은 穩城온성으로부터 남으로 濟州제주에 이르기까지를 22층에 난호아서 連연하면 全幅전폭이 一覽일람되고 分離분리하면 필요한 부분만은 따로 보게 하얏스며 다시 每一層매일층식을 方冊形방책형으로 접어서 접으면 卷권이오 펴면 幅폭이 되게 하야 綜合及分區종합급분구와 檢索及携帶검색급휴대에 모든 便宜편의를 꾀하얏스니 얼는 말하면 朝鮮全域圖조선전역도를 크게도 보고 작게도 쓸 수 잇게 만든 가장 실용적의 新案신안입니다.

1926년 창간된 월간 문학지 《별건곤》 제12·13호1928년 5월 1일자에 실린 육당 최남선이 쓴 "내가 자랑하고 십흔 朝鮮조선 것─七十年前칠십년전에 單身調査단신조사, 獨力創製독력창제한 古山子고산자의 大東輿地圖대동여지도"라는 글의 일부입니다. 최남선은 대동여지도가 조선에 있는 어떤 실용적 작품이나 학술적 발명품보다 빛나는 것이라 추켜세웁니다.

대동여지도는 우리나라에서 가장 큰 전국지도이면서도 보기 쉽고 가지고 다니기 쉽게 만든 지도로 평가되는데 전체를 펼쳐 이으면 세로 6.6미터에 가로 4미터나 됩니다. 최남선이 대단한 작품으로 추켜세운 까닭은 우리나라를 남북 120리 간격으로 22층으로 구분하여 하나의 층을 한 첩으로 만들고, 22첩의 지도를 상하로 연결하여 전국지도가 되도록 한 점을 꼽습니다. 곧 전체를 펴면 온 나라를 볼 수 있고, 한 첩을 보면 필요한 부분만 따로 볼 수 있게 한 가장 실용적인 지도라는 것입니다. 지금은 흔하게 접이식 지도를 볼 수 있지만 김정호가 만든 당시에는 획기적인 지도였던 것이지요. 보물 제850호로 지정된 이 대동여지도는 성신여대 박물관에 소장되어 있습니다.

중국의 캉, 일본의 다다미,
서양의 침대보다 우수한 온돌

중국인의 캉이나 서양인의 침대나 일본인의 다다미疊에서 거처를 하야 보앗스나 우리 조선의 온돌처럼 땃뜻하고도 경제적이요 위생적인 것은 업슴니다. 일본 가티 비습하고 중국 가티(특히 북방) 차운 지방에 잇서서 이른 봄과 느진 가을—아즉도 난로, 화로가튼 것을 설비치 안이할 때에는 학생 기숙사 가튼 데에서는 참으로 치워서 견듸기 어렵슴니다. 그런 때에 우리 조선 사람은 누구나 온돌을 생각할 것입니다마는 특히 우리 가튼 여자로서는 더욱 간절히 생각이 남니다.

위 글은 일제강점기 때 잡지 《별건곤》 제12·13호1928년 5월 1일자에 실린 북한 정치가 류영준의 "외국에 가서 생각나든 조선 것—김치"라는 글 일부입니다. 그는 중국에서 약 6년 동안, 일본에서 약 8~9년 있는 동안에 많은 고생을 하면서 특히 달 밝고 꽃 필 때에 친척과 동무의 생각도 간절했고 속이 헛헛하고 입맛이 없을 때에는 평양냉면과 닭찜 같은 것도 생각이 났지만 더욱 생각나는 것은 온돌과 김치였다고 고백합니다.

온돌은 고조선 때부터 사용한 것으로 추정될 정도로 오랜 세월 써온 것입니다. 하지만 서양 문물이 들어오면서 온돌을 잊기 시작했었는데 온돌의 과학적인 장점이 재조명되면서 이제 중국, 일본, 독일 등에서 인기를 끌고 있다고 하지요. 인류 역사상 가장 과학적인 난방 방법이라는 온돌, 우리에게는 자랑스러운 문화유산입니다.

수천 번의 매질로 빚은 방짜 유기,
식중독을 없앤다

예전 우리는 놋그릇에 밥과 국을 담아 상에 올렸습니다. 또 평안도와 황해도 지방에서는 혼담이 이루어질 때 상대 집이 놋그릇의 구색을 얼마나 잘 갖추고 있는지와 얼마나 잘 닦아 놓는지를 확인한 뒤에 혼사를 결정하였다는 말이 있지요. 놋쇠는 수저와 밥그릇은 물론 제기祭器, 징, 꽹과리도 만들고 혼수 품목의 하나인 대야와 요강도 만들었습니다.

놋그릇 가운데 가장 질이 좋다는 방짜 유기는 구리 78퍼센트에 주석 22퍼센트를 합금한 것으로 최소 열한 명이 함께 수백 번씩 망치로 두드려서 만듭니다. 금속 조직을 늘여서 만드는 것이어서 휘어지거나 깨지지 않고, 다른 유기에 비해

광택이 뛰어나서 예로부터 방짜 유기는 인기가 있었지요. 그뿐만이 아닙니다. 놋쇠가 식중독균을 99.9퍼센트나 없앤다는 연구 결과가 발표되었는데 놋그릇을 쓰면 미나리 속 거머리도 없애고 놋숟가락은 음식에 독을 확인하는 데도 요긴하게 쓰였습니다. 또 스님들은 머리카락을 자를 때 꼭 방짜로 만든 가위를 쓰는데 만일 머리를 베이더라도 상처가 덧나지 않기 때문입니다.

머리 위로 하얀 서리가 앉은, 팔순을 넘긴 할머니가 주인 잃은 할아버지의 놋그릇을 소중히 닦는 것은 희미하게 잊혀가는 남편에 대한 사랑과 애틋함과 그리움을 그 안에 담아낸 것일지도 모릅니다. 박물관에나 가야 있을 놋그릇, 방짜 유기가 다시 사랑받을 날이 올까요?

조선시대에 있었던 조족등이 무엇일까요?

가로등도 없고, 손전등도 없고, 자동차의 불빛도 없던 조선시대에 사람들은 어두운 밤거리를 어떻게 다녔을까요? "차려 온 저녁상으로 배를 불린 뒤에 조족등을 든 청지기를 앞세우고 두 사람은 집을 나섰다." 김주영의 《객주》에 나오는 대목

입니다. 여기에 등장하는 조족등照足燈이 바로 조선시
대에 밤길을 밝히던 도구였지요.

　조족등은 밤거리를 다닐 때 들고 다니던 등으로
댓가지로 비바람에 꺼지지 않게 둥근 틀을 만들고
그 안에 촛불을 켜는 등입니다. 특히 조족등은
도둑과 화재를 경계하기 위해 밤에 궁궐과
도성 내외를 순찰하던 군인인 순라꾼들이
야경을 돌 때 주로 썼다고 합니다. 조족등을
이름 그대로 풀어보면 비출 조照, 발 족足, 등
잔 등燈 자를 써서 '발을 비추는 등'이라는 뜻
이 되지요.

조족등

　아무리 먼 길이라도 발밑을 보아야만 갈 수 있으므로 "천리 길도 한 걸음부
터"라는 속담과 뜻이 통하는 것 같습니다. 조족등 없이 칠흑 같은 깜깜한 밤길을
가려면 돌부리에 채일 수도 있고, 물구덩이에 빠질 수도 있으며, 움푹 파진 곳을
헛짚을 수도 있습니다. 초롱불 수준인 조족등이 얼마나 밝았겠느냐만 어두울 땐
이것도 큰 도움이 됩니다. 점점 살기가 어렵다고 합니다. 앞날에 한 줄기 빛도 없
다고 하는 사람도 많습니다. 옛 조상이 지녔던 희미하나마 우리의 발밑을 비춰
주던 조족등을 떠올려 발밑부터 살피며 한 걸음 한 걸음 내딛다 보면 희망이 보
이지 않을까요?

절의 시작점
당간지주를 아십니까?

절은 당간지주幢竿支柱로부터 시작됩
니다. 당간은 깃발을 걸어두는 길쭉
한 장대를 말하며, 당간을 양쪽에서
지탱해주는 두 돌기둥을 당간지주
라 합니다. 절에 큰 행사가 있으면
당간 위에 깃발을 달아 신도들이 절
을 찾을 수 있게 한 것입니다. 최근
에 세워진 절에는 당간지주가 없지
만 오래된 절에 가면 으레 당간지주
가 있었는데 쇠로 만든 것이라 녹슬
어서 지금은 남아 있는 것이 거의 없
습니다.

분황사 터 당간지주

대표적인 당간지주는 분황사 것으로 여기엔 거북으로 된 간대가 남아 있습니
다. 공주 반죽동 당간지주보물 150호와 갑사 철당간과 지주보물 256호, 금산사 당간지
주보물 28호에는 기대가 완전히 남아 있어 당간지주의 원형을 볼 수 있지요. 특히

중초사터 당간지주보물 4호는 신라 흥덕왕 1년826년에 완성했다는 글씨가 새겨져 있어 당간지주 양식을 추정하는 데 중요한 자료가 됩니다.

　서울에서 가까이 있는 당간지주는 서울 종로구 신영동 세검정초등학교가 들어서 있는 장의사의 옛터에 동서로 마주 서 있는 장의사터 당간지주입니다. 장의사는 백제와의 싸움으로 황산지금의 논산으로 추정에서 전사한 신라의 장수 장춘랑長春郎과 파랑罷郎의 명복을 빌고자 신라 무열왕 6년659년에 세웠다고 전하지요. 절에 가면 당간지주를 한번 찾아보는 것도 좋을 일입니다.

놀부가 빼앗아 지고 간
화초장 이야기

고초장, 된장, 간장, 뗏장, 아이고 아니로고나.
초장화, 초장화, 초장화, 장화초, 장화초 아이고, 이것도 아니로구나.
이것이 무엇일까? 방장, 천장, 송장, 접장, 아이고 이것도 아니로구나.
이것이 무엇일까? 갑갑하여 못살겠네.

교토 고려미술관 소장

●
화초장

판소리 '홍부가' 중 '화초장 타령'의 일부입니다. 부자가 된 홍부를 찾아간 놀부는 방 안에 있는 화초장을 보고 그걸 빼앗아서 돌아오지요. 신이 난 나머지 "화초장, 화초장" 하고 노래를 부르던 놀부는 도랑 하나를 건너 뛰다 그 이름을 잊어버렸습니다. 그래서 "고초장, 된장, 간장, 뗏장" 하면서 '장' 자가 들어간 온갖 이름을 다 불러보는 장면입니다.

화초장花草欌은 문판에 꽃 그림을 그려 장식했으며, 장 안에는 해충의 침입을 막으려고 한지나 비단을 발라둔 옷장이나 의걸이장위는 옷을 걸게 되고 아래는 반닫이로 된 장이지요. 화초장은 놀부가 욕심을 내서 직접 지고 갈 만큼 아름다운 장입니다. 조선시대 안방에는 꼭 이 아름다운 화초장이 있었지요. 화초장은 화류목 또는 화초목이라고 부르는 모과나무의 목재로 만듭니다. 안방을 장식했던 전통 가구 화초장의 화려한 시절은 언제 돌아올까요?

신랑 신부가
합환주를 마시던 표주박

버선에 모래를 담는 법은 곧 갑옷을 무겁게 한다는 뜻이다. 옛날에 군사를 잘 훈련시키는 자가 군사들에게 철갑鐵甲을 겹쳐 입게 하였다가, 전쟁에 임해서는 벗어버리게 하였으니, 또한 몸을 가볍게 하여 용기를 배양하는 방도인 것이다. 근래에 군사들을 점열할 때 각각 초리草履·화구火具·전대纏帶·표자瓢子를 지니게 하는 것 또한 좋은 법이다.

《순조실록》 11권, 8년1808년 8월 1일자 기록입니다. 여기에 나오는 표자가 곧 표주박이지요. 표주박은 음력 8월 무렵 첫서리가 내릴 때 조롱박이나 길고 허리가 잘록한 호리병박을 반으로 타서 끓는 물에 삶은 후 껍질을 말려 만듭니다. 표주박은 《세종실록 지리지》 충청도 편에서 쌀, 콩, 꿀과 함께 공물로 바치는 품목에도 들어 있습니다. 이규보의 《동국이상국집東國李相國集》에서는 물을 퍼내는 데 썼다고 쓰여 있지요. 그리고 표주박은 술독에 띄워놓고 술을 떠내거나, 장조랑바가지라 하여 간장독에 띄워 놓고 간장을 떠내는 데 사용하기도 하였습니다. 표주박은 전통 혼례에서 신랑 신부가 서로 잔을 바꿔 마시는 합환주合歡酒의 잔으로 쓰이기도 합니다. 또 조백바가지라 하여 표주박에 장수·화목을 상징하는 목화木靴(조선시대 관복 차림에 신던 반장화 모양의 신)와 부를 상징하는 찹쌀을 담아 시집갈 때 가마에 넣어 보내는 풍속도 있었지요.

단사표음_{簞食瓢飮}이란 사자성어는 "한 소쿠리의 밥과 표주박의 물" 이라는 뜻으로, 매우 소박한 생활을 말합니다. 이처럼 표주박은 우리 생활과 매우 친근하였지만 이제는 플라스틱 바가지에 밀려 운치 있는 장식품으로만 쓰이고 있습니다.

아름다운 심성이 묻어나는
비단같이 고운 채상

대나무를 종이처럼 얇고 실처럼 가늘게 쪼개어 부드럽게 한 대오리를 형형색색으로 물들이고서, 베 짜듯 다양한 무늬를 놓아가며 엮어 짠 고리_{상자}인 채죽상자_{彩竹箱子}는 줄여 채상_{彩箱}이라고 합니다. 옷고리나 반짇고리 같이 안방에서 고리나 상자로 사용되는 부녀자의 죽공예용품으로 채협_{彩篋}이라고도 하지요.

대를 재료로 하여 가공한 죽세공품 가운데서 가장 정교한 작업을 해야 하는 것이 채상 만들기입니다. 대오리에 다양한 빛깔로 물들여 그 무늬가 아름답기도 하지만, 염색을 하지 않은 소상_{素箱}도 대나무의 겉대와 속대가 서로 다른 빛깔의 무늬를 만들어내 오묘하지요. 결이 어찌나 고운지 다산 정약용은 《목민심서牧民心書》에서 '무늬 채彩' 자 대신 '비단 채綵' 자를 붙여 채상綵箱, 곧 '비단 같은 상자'라는 고운 이름으로 불렀습니다.

좋은 채상을 임금에게 진상하면 나라에서 참봉參奉이나 봉사奉事 벼슬을 내렸다지요. 민간에서도 보통 폐백이나 혼수에 쓰는 귀한 물건을 담는 그릇으로 사용했습니다. 통풍이 잘되어 곰팡이가 생기지 않고, 물건을 오래 담아두어도 냄새가 배지 않는 상자입니다. 채상은 대나무가 많이 나는 남부 지방에서 주로 썼고, 중부 이북 지방에서는 싸리채와 버들고리가 더 많이 쓰였습니다. 지금 사람들은 이를 잊어가고 있지만 채상은 우리 겨레의 아름다운 심성이 묻어나는 상자입니다.

마을 당산나무 아래에 있었던 연자방아를 아십니까?

연자방아는 연자매라고도 하는데 둥글고 판판한 돌판 위에 그보다 작은 둥근 돌을 옆으로 세워 이를 소나 말이 끌게 하여 돌리면서 곡식을 찧거나 빻는 데 쓴 큰

맷돌을 말합니다. 옛날에는 마을의 너른 터나 당산나무 아래에 하나씩 있었는데 이곳을 연자방앗간 또는 연자맷간이라 하였지요.

근대적인 기계가 나오기 전까지는 곡식을 찧거나 빻는 데 절구방아, 디딜방아, 물레방아, 연자방아를 썼습니다. 맷돌, 절구방아, 디딜방아는 사람의 힘으로 돌리고 물레방아는 물의 힘을 이용해 돌렸으나 연자방아는 소나 말 같은 가축의 힘을 써서 돌리는 것으로 마을의 공동 소유물이었지요.

연자방아를 돌릴 때는 소가 어지럼증을 일으키지 않도록 눈을 검은 헝겊으로 가려준다고 하지요. 방아채를 소에 연결하여 돌리면 낟알들이 방아확 밖으로 밀려 떨어져 쌓이고, 방아확꾼은 나온 알곡을 빗자루로 쓸어서 방아축이 있는 가운데로 모아줍니다. 연자방아는 혼자 쓰는 게 아니라 마을 사람들과 함께 씀으로써 공동체 의식을 키웠던 농사 도구였지요. 모를 심을 때부터 김매기를 거쳐 가을걷이를 마칠 때까지 우리 겨레는 더불어 일했고 농사의 마지막 단계인 방아 찧는 일까지 서로 도우며 공동체 의식을 다졌던 것입니다. 연자방아 주변에는 언제나 사람들이 모여 있어 마을의 사랑방 구실을 했으며 특히 물레방앗간에는 청춘 남녀의 사랑이 익어갔지요. 조상들의 손때가 묻고 숨결이 밴 연자방아는 지금 민속박물관이나 문화재 전시장 같은 곳에 덩그러니 남아 있습니다.

인쇄술의 꽃,
조선 최고의 금속활자 갑인자

갑인자로 찍은 《월인천강지곡》

조선시대에는 고려의 활자 인쇄술을 계승·발전시켜 '금속활자 공화국'이라 부를 정도로 다양한 활자를 만들어 썼습니다. 책을 펴내거나 활자를 만드는 관청도 고려와는 견줄 수 없을 정도로 늘어났습니다. 태종 3년1403년 때 주자소를 설치하고 동활자 수십만 자를 주조했는데 이를 조선 최초의 활자인 계미자癸未字라 하였지요.

그 뒤 세종 2년1420년에 계미자를 개량한 금속활자 경자자庚子字를 만들었습니다. 하지만 이 경자자는 너무 가늘고 작아 보기가 어렵다는 단점이 있었지요. 그래서 다시 나온 활자가 갑인자甲寅字인데 1434년세종 16년 갑인년 9월에 만든 금속활자입니다.

갑인자는 금속활자 인쇄술이 정점에 이르렀음을 보여주는 활자로 당대 최고의 과학자와 기술자들이 활자 주조에 참여했기에 활자의 모양도 이전 활자들과 견줄 수 없을 만큼 정교하고 과학적이란 평가를 받습니다. 조판도 밀랍이 아닌 나무 조각이나 종이 따위로 빈틈을 메우는 정교한 조립 형태였습니다. 하루 40여 장을 인쇄할 수 있었던 갑인자는 우리나라 인쇄술의 꽃이라 평가받고 있습니다.

16세기 후반, 일본에서 한류 바람을 일으킨 막사발

막사발은 막사기로도 불리던 생활 그릇인데 밥그릇, 국그릇, 막걸리 사발 따위로 쓰였습니다. 막사발은 주로 일반 백성이 썼던 그릇으로 위가 조금 오그라진 대접 모양을 하고 있지요. 살이 두껍고 겉 표면이 부드럽지 않으며 까칠한 것이 특징입니다. 우리 땅에서 흔한 황토로 빚어낸 막사발은 밝은 빛깔에 장식이 없는 자연스러움이 담긴 소박한 그릇이지만 일본에서는 엄청난 인기를 얻었습니다.

어떤 일본 도공은 "이런 그릇을 일생 하나라도 만들면 여한이 없겠다"라고 하고, 어떤 차인은 "이 그릇은 성 하나와도 바꾸지 않겠다"라고 했다는 이야기가 전해집니다. 또 일본의 실력자였던 직전신장오다 노부나가이나 풍신수길도요토미 히데요시은 이 막사발을 정말 좋아했지요. 그래서 자신들이 가장 아끼는 부하에게 이 막

사발을 주었습니다. 풍신수길의
부하 가운데 쓰츠이 준케라는 성
주는 풍신수길의 말을 어겼다가
막사발을 그에게 바쳐 간신히 목숨
을 건졌다는 유명한 이야기도 있습
니다.

막사발

　이렇게 막사발은 임진왜란 이후 일
본으로 건너가 찻잔으로 사용되었는데 끌
려간 조선 도공이 만드는 막사발은 큰 명성을 얻어 이도다완井戸茶碗이 되었지요.
조선에서는 주목을 받지 못하던 도자기가 일본에 건너가 엄청난 사랑을 받은 것
을 보면 막사발은 16세기 후반 한류 바람을 일으켰음이 분명합니다.

옛사람의 멋이 느껴지는 그림

미술편

네 친구가 서로 어울리되 너만을 임금이라 함은

고금의 문장을 너만으로 쓰기 때문이리라

정선의 박연폭포로
찜통더위를 날려볼까요?

한여름이 세상을 점령하면 사람들은 낮에는 찜
통더위에, 밤에는 열대야에 시달립니다. 이러한
삼복더위가 찾아오면 시원한 옛 그림을 보며 마
음을 다스리는 것도 좋은 방법입니다.

바로 겸재 정선의 '박연폭포'가 그런 그림입
니다. 작품의 크기는 세로 119센티미터, 가로 52
센티미터인데 겸재가 그린 진경산수화는 자연
을 있는 그대로 그리는 것이 아니라 회화적으로
재해석하는 것이 특징입니다. '금강전도金剛全圖',

정선의 '박연폭포'

'인왕제색도仁王霽色圖' 와 함께 겸재의 3대 명작으로 꼽히지요.

특히 이 그림은 보는 그림이 아니라 듣는 그림이라고 합니다. 물줄기를 단박에 내리그은 정선의 붓끝에서 높이 37미터 폭포에서 떨어지는 우렛소리와 같은 물소리가 귓전을 세차게 때리는 듯합니다. 특히 길게 과장해서 그려진 폭포수는 그림 아래 개미만큼 작게 그려진 선비와 시동 때문에 크게 대비됩니다. 그 대비는 소리의 크기를 인물의 크기에 견줘서 인간을 압도하는 자연의 경이로움을 말하고 있습니다. 이 그림을 걸어놓은 방에는 무더위도 접근할 엄두를 내지 못할 것입니다.

옛 그림들은 어떤 모양으로 우리에게 다가올까?

옛 그림을 형태별로 나눠보면 두루마리 그림, 축화軸畵, 화첩畵帖, 선면화扇面畵, 병풍屛風으로 나눌 수 있습니다. 이 가운데 두루마리 그림은 둥글게 말린 그림을 펼쳐가면서 보는 것으로 한자 말로는 수권手卷, 권화卷畵, 횡권橫卷이라고도 합니다. '가례반차도嘉禮班次圖' 는 두루마리 그림의 목적과 형식을 잘 갖춘 그림이지요. 그런 기록화 말고 순수 그림으로는 이인문의 '강산무진도江山無盡圖'가 있는데 가로 폭이 무려 856센티미터나 되는 조선 후기 그림 가운데 가장 큰 작품이지요.

그러나 우리가 일반적으로 볼 수 있는 그림은 세로로 긴 축화로 박물관에서 흔히 접할 수 있습니다. 또 그림을 모아 엮은 책인 화첩은 그림의 보관과 감상을 편리하게 하려고 만들었으며, 크기가 작고 간편하여 문인들이 즐겨 사용하였지요. 대표적인 화첩으로는 강세황의 《송도기행첩松都紀行帖》, 안견의 《사계산수도화첩四季山水圖畵帖》, 정선의 《장동팔경첩壯洞八景帖》, 김홍도의 《풍속화첩風俗畵帖》 같은 것들이 있습니다.

부채 위에 그리는 선면화는 정선의 '풍악전면도楓岳全面圖', 김정희의 '청람란도晴嵐蘭圖', 신명연의 '매화도梅花圖', 심사정의 '모란투작도牡丹鬪雀圖' 같은 것이 있지요. 또 병풍이 있는데 가장 흔한 것은 산수화를 그린 병풍이지만 선비의 사랑방에 주로 있는 책가도冊架圖 병풍과 임금이 앉는 용상 뒤의 일월오봉병日月五峯屛도 있습니다. 집에 옛 그림 한 점이라도 있다면 이웃을 초대해 함께 감상해보는 것은 어떨는지요?

비췻빛이 아닌
흑갈색 청자를 아시나요?

국립중앙박물관에는 보물 제340호 청
자철채백화삼엽문매병青磁鐵彩白花堆葉文梅
瓶이 있습니다. 이 도자기도 청자의
하나입니다만 보통의 청자가 비췻빛
인 데 견줘 흑갈색을 띠는 특이한 청자
입니다. 이 도자기는 청자 바탕흙으로 매
병을 만든 다음 어두운 흑갈색 물감인 철
사를 바르고, 몸체 양면에 세 개의 잎이 붙은
무늬를 얇게 판 뒤 백토를 발라 청자유를 입
혀 구운 것으로 높이는 27.5센티미터입니다.

　이 잎 무늬 매병은 자연스러운 붓 자국이
잎맥처럼 남아 있는데 휙 꼬부려서 내리그은 줄
기 끝 부분이 특히 아름답고 전체적으로 보면 단

청자철채백화삼엽문매병

순 소박하게 그려 대비와 조화가 잘 이루고 있다는 평을 받습니다. 또 목이 짧고
입이 각진 이 매병은 풍만한 어깨에서 몸체에 이르는 선이 과장되지 않고 아름답

게 표현되었지요.

같은 기법으로 만들어진 도자기로 높이 35.2센티미터인 청자철채퇴화운학문매병靑磁鐵彩堆花雲鶴文梅瓶도 있습니다. 이 청자가 위 작품과 다른 점은 잎새 무늬가 아닌 구름과 학 무늬가 새겨 있다는 점입니다. 고려청자 하면 무조건 비췻빛이라고 생각하던 분들은 흑갈색 청자도 있음을 신기해할 것입니다. 1000여 년 전에 만들어진 비췻빛 청자와 흑갈색 청자의 아름다운 모습을 보러 박물관 나들이를 떠나는 건 어떨는지요?

백자와 함께
조선을 대표하는 분청사기

고려청자와 분청사기, 조선백자가 대표적인 우리 도자기입니다. 여기서 분청사기는 어떤 도자기일까요? 분청사기粉靑沙器는 고려청자에서 조선백자로 이어지는 중간 시기인 15~16세기에 번성했던 도자기입니다. 분청사기는 청자 유약을 바르기 때문에 고려청자의 전통을 이은 것은 분명합니다. 그러나 굽기 전에 백토를 바른 다음 초벌구이를 한 뒤 청자 유약을 발라 본구이를 한다는 것이 고려청자와 다른 점입니다.

분청사기는 분장회청사기粉粧灰青沙器의 준말로 맨 처음 이 이름을 쓴 사람은 한 국의 첫 미술사학자인 고유섭 선생입니다. 분청사기 종류를 보면 도장으로 찍어 무늬로 새긴 인화문印花紋, 철분이 섞인 물감으로 흑갈색을 띠는 그림이 그려진 철화문鐵畵紋, 백토물에 덤벙 담갔다가 꺼낸다 하여 이름이 붙은 덤벙무늬, 넓고 굵은 붓으로 백토를 발라 무늬를 그린 귀얄무늬 따위가 있습니다.

분청사기의 무늬들은 즉흥적이면서도 세련되었는데 500년 전에 빚은 도자기 라고 하기엔 너무나 현대적이라는 평을 듣습니다. 미술사학자 최순우 선생은 분 청사기를 "가식 없는 소박한 매무새, 허탈한 것 같으면서도 어딘가 탐닉스러운 힘, 시작된 곳도 끝난 데도 모르는 어수룩한 선, 익살스러우면서도 때로는 눈물 겨운 모습"이라고 표현합니다. 또 다른 미술사학자 안휘준 선생은 "대량생산의 조건을 갖추고 있으면서도 표현의 즉흥성과 유연성이 뛰어나 최소한의 노력으 로 최대한의 미적 효과를 내는 '미의 경제학'이 실천된 것이 분청사기"라고 말 했습니다. 즉흥적이지만 소박하면서도 세련된 무늬의 분청사기를 구경하고 싶 지 않으세요?

아버지와 아들이 함께 그린
아름다운 사계산수도

가로 길이가 184센티미터임에 반해 세로 길이는 8.4센티미터인 기이한 그림을 보셨나요? 8.4센티미터라면 흔히 쓰는 명함의 가로 길이 정도밖에 되지 않는데 바로 조선 영조 임금 때 화원 김두량이 아들 김덕하와 함께 그린 사계산수도四季山水圖가 그것입니다. 여덟 장면의 산수화가 좁고 긴 두루마리에 여백 없이 꽉 차게 그려졌는데 비좁거나 옹색한 느낌이 들지 않습니다.

특히 그 한 부분인 봄 풍경을 보면 꽃밭에 집을 지었는지 집 사이에 꽃을 심었는지 분간하기 어려울 정도로 꽃이 앞 다투어 핀 봄 밤 그림입니다. 화려한 누각에 사람들이 모였는데 넓은 마당에는 술과 안주를 나르는 하인들이 바쁘고, 심지어 두 마리 학까지 그려져 있습니다. 봄 풍경 다음으로 여름 풍경이 이어지는데

사계산수도의 봄 부분

봄 풍경 왼쪽에서 학을 따라 대문 밖으로 나가면 서서히 여름으로 들어감을 알 수 있습니다. 봄 다음에 여름이 칼로 자르듯 분명하게 오는 것이 아니라 슬그머니 다가오는 것을 표현한 것이지요.

　이 그림의 흥미로운 특징은 장기 두면서 이야기를 나누고 탁족하는 여름 장면은 물론 새참을 내가고 가을걷이하는 모습 그리고 집 안에서 대화하고 길쌈하고 사냥하는 겨울 장면까지 모두 당시 사람들의 주변에서 흔히 볼 수 있는 평범한 풍경이란 점입니다. 사계산수도라는 제목이지만 산수풍경화에서 느낄 수 없는 훈훈한 인간 냄새가 물씬 풍기는 아름다운 그림입니다.

골동품상의 사기로 일본인에게 넘어갔던 청자오리모양연적

청자오리모양연적은 고려시대의 청자연적으로 물 위에 뜬 오리가 연꽃 줄기를 물고 있는 모양의 연적입니다. 연잎과 봉오리가 오리 등에 자연스럽게 붙어 있는 것이 마치 살아 있는 오리 같습니다. 그뿐만 아니라 오리의 깃털까지도 매우 사실적으로 표현하고 있으며 세련된 조각 기법과 비취색의 은은함이 고려 귀족 사회의 일면을 엿볼 수 있게 해주는 보기 드문 작품으로 평가받고 있습니다.

이 작품엔 재밌는 사연도 있습니다. 일제 때 골동품상 이희섭은 청자오리모양연적을 가져온 손님에게 당시 기와집 한 채 값을 준다며 이 연적을 손에 넣으려고 합니다. 그는 이 연적이 시중에 흔한 물건이라며 실제와는 다른 이야기로 속이기까지 하지요. 사실 연적을 가져온 손님은 청자연적이 친구의 것인데 한 번만 보고 돌려주겠다고 하고 골동품상에 가져와 본 것이지요. 그런데 기와집 한 채 값을 준다고 하는 말에 홀려서 그만 넘겨버리고 마는데 이때 이희섭은 손님에게 1,600원을 건네줍니다. 그리고는 곧바로 이 청자연적을 군산에 살던 일본인 갑부에게 2만 원이란 큰돈을 받고 넘겨버리고 말지요. 앉은자리에서 열 배도 넘는 폭리를 취해버린 것입니다.

이렇게 골동품상에 속아 일본으로 넘어간 청자연적은 다행스럽게도 추사의 세한도를 일본인에게서 거둔 손재형의 손을 거쳐 돌아와 지금은 간송미술관에 소장되어 있습니다. 대신 조선의 귀한 골동품을 마구 일본인에게 팔아넘겨 조선에서 손에 꼽을 정도로 돈을 벌었던 이희섭은 광산에 손을 댔다가 비참한 최후를 맞았다고 합니다. 이 연적은 다행히 우리에게 돌아왔지만 아직도 남의 땅에서 돌아오지 못하는 귀한 문화유산은 숱합니다.

마음이 통하는 벗과 함께하는
김홍도의 백매

일지매一枝梅는 도둑 가운데 협객이다. 그는 탐관오리들의 뇌물을 훔쳐, 먹고살 길 막막한 사람이거나 죽어 장사지낼 돈조차 없는 백성에게 훔친 재물을 나누어 주었다. 처마와 처마 사이를 나는 듯이 다니고 벽을 붙어 다니니 날래기가 귀신같아서 도둑맞은 집에서는 어떤 도둑인지 몰랐다. 그리하여 스스로 붉은색으로 매화 한 가지를 그려놓았다. 다른 사람이 의심받지 않게 하기 위해서였다. 매화 한 가지 증표로 남겨두고 탐관오리 재산으로 가난한 이를 돕는다. 때 만나지 못한 영웅 예부터 있었으니 옛적에도 오강에 비단 돛 떠올랐었다.

위 글은 조선 후기의 위항시인중인 이하 계급 출신 시인 조수삼이 쓴 《추재기이秋齋紀異》의 일부입니다. 백성에게 영웅으로 떠받들어지던 일지매, 그는 탐관오리 집에서 도둑질을 하고는 늘 매화 한 가지를 그려놓았다고 하지요. 그런 매화는 일지매뿐만이 아니라 조선시대 선비들이 무척이나 좋아하여 시를 짓고 그림을 그리는 이들이 참 많았습니다. 특히 조선 최고의 화가 단원 김홍도도 매화를 무척이나 사랑했습니다.

정조가 죽은 뒤 김홍도는 생계가 무척 어려워졌는데, 이런 와중에 그는 어떤 이가 팔려고 내놓은 매화 화분에 그만 마음을 뺏겨버렸습니다. 마침 그림 값으로 들어온 3,000냥이 있어 2,000냥으로 매화를 사고, 혼자 보기 아까워 친구를 모아 800냥으로 술자리까지 벌였다고 하지요. 어쩌면 그 매화를 그린 그림일지도 모르는 김홍도의 '백매白梅'는 간송미술관에 보관되어 있습니다. 이 그림은 마음이 통하는 벗과 함께 술잔을 나누며 바라보고 싶은 소탈하고 정취 어린 그림입니다.

귀여운 토끼가 받치고 있는
청자투각칠보문뚜껑향로

즈믄해의 고요 품은 / 은은한 향기
법당 안을 가득 채운 / 부처님 미소처럼
번잡한 마음 내려놓고 / 온몸을 다 태워
너에게 눕는다

　　　　　　　이한꽃, '향로'

국립중앙박물관 소장

청자투각칠보문뚜껑향로

나쁜 냄새를 제거해주는 향은 마음의 때를 말끔히 씻어준다는 의미로 받아들여져 불교 의식에까지 쓰이게 되면서 다양한 향로가 만들어집니다. 향로는 크게 모양새로 보아 손잡이가 있는 병향로柄香爐와 손잡이가 없는 거향로居香爐로 나뉩니다. 향로의 재료는 금속이나 도자기로 만드는 것이 일반적이나 상아나 유리로 된 것도 있지요. 1993년 12월 충남 부여의 능산리에서 발굴된 향로, 전북 익산의 왕궁리 5층 석탑에서 발견된 향목, 불국사 석가탑에서 발견된 유향乳香 · 향목편香木片 · 심향편心香片 따위로 보아 우리나라에도 일찍부터 향이 쓰였던 것으로 보입니다.

도자기로 된 향로 가운데 국립중앙박물관에 있는 국보 제95호 청자투각칠보문뚜껑향로青磁透刻七寶文蓋香爐는 예술성이 뛰어난 작품입니다. 여기서 투각이란 도자기를 뚫어 모양을 나타내는 방법으로 그 섬세한 기교가 보는 이의 눈을 사로잡습니다. 이 청자 향로는 고려 전기의 것으로, 높이 15.3센티미터, 대좌지름 11.2센티미터 크기입니다. 향로의 맨 아래에 보면 귀가 쫑긋한 귀여운 세 마리의 토끼가 등으로 향로를 떠받치고 있습니다. 아마 달나라 토끼를 떠올리며 만든 것이 아닌가 합니다. 달 토끼는 여러 문학작품에도 나오듯 아련하면서도 신성한 동물로 비치고 있습니다. 고려 장인이 만든 청자 향로를 보면서 그들의 예술과 신앙을 되새겨보게 됩니다.

도공의 익살,
백자철화끈무늬병

조선 백자에서 병瓶은 기본적으로 술병입니다. 그 술병 가운데 제사를 지낼 때 쓰는 제주병祭酒瓶은 순백자를 사용했지만 잔치용 술병에는 갖가지 무늬를 그려 넣었습니다. 그래야 술맛이 났던 모양입니다. 술병에 그리는 그림으로는 부귀를 상징하는 모란꽃과 십장생, 매화와 난초가 많지요. 그림 대신 '목숨 수壽', '복 복福', '술 주酒' 자처럼 글자 한 자만 쓴 것들도 있습니다.

그런데 여기 기발하게도 병목에 질끈 동여맨 끈을 무늬로 그려 넣은 보물 제1060호 백자철화끈무늬병白瓷鐵畫繩文瓶이 있지요. 이는 옛날 술병을 사용할 때 병목에 끈을 동여매 걸어놓곤 했던 것을 무늬로 표현한 것이라 생각됩니다. 이 병을 빚은 도공은 술을 마시다 남으면 술병을 허리춤에 차고 가라는 뜻으로 그림을 그려 넣었을지도 모릅니다. 그야말로 도공의 기막힌 재치와 해학 그리고 익살과 여유가 살아있는 명작입니다.

유홍준 교수가 영남대 시절 시험 문제로 한국미를 대표하는 도자기 한 점을 고르라고 했습니다. 그랬더니 인문대생은 달항아리를, 미대생은 백자철화끈무늬병을 많이 골랐다고 합니다. 그만큼 이 술병은 보물 제1437호 달항아리와 함께 조선 백자를 대표하는 것입니다. 이 병은 안목 높은 수장가였던 서재식 전 한국플라스틱 회장의 소유였는데 돌아가시기 전에 소장품 가운데 이 한 점만은 개인의 것이 될 수 없다며 국립중앙박물관에 기증했다고 하지요.

휘엉청 보름달 뜬 임진강에 배 띄운 그림
우화등선

1742년 10월 보름날, 경기도 관찰사 홍경보는 당시 최고의 화가인 겸재 정선, 문장가인 연천현감 신유한과 함께 뱃놀이를 합니다. 이 세 사람은 북송 시인 소동파처럼 연강灕江(임진강)에 배를 띄운 것입니다. 이날의 뱃놀이를 정선이 그림을 그

우화등선

리고, 홍경보와 신유한이 글을 써서 화첩 세 벌로 남겨 한 벌씩 나눴지요. 이 화첩이 《연강임술첩蓮江壬戌帖》입니다.

《연강임술첩》에 들어있는 유명한 그림을 감상해볼까요. 우선, '우화등선羽化登船'이 있는데 "우화정羽化亭에서 배를 타다"란 뜻이지요. 당시 나이가 예순여섯으로 최고 전성기였던 정선은 이 그림과 '웅연계람熊淵繫纜', 곧 "웅연 나루에 정박하다"라는 뜻의 그림을 함께 그려 이날의 뱃놀이를 세밀하게 묘사했습니다. 해거름 하늘은 옅은 먹으로 은근히 그렸으며, 강가의 벼랑은 짙은 먹의 부벽준斧劈皴(산수화에서 도끼로 찍은 듯한 자국을 남겨 표현하는 동양화 기법)으로 대담하게 표현했지요. 겸재의 '인왕제색도', '금강전도'가 바위와 산을 그린 대표작이라면 이 작품들은 강을 그린 대표작으로 꼽을 수 있습니다. '금강전도'와 '인왕제색도'에서 감명을 받았다면 '우화등선'과 '웅연계람'도 감상해볼 일입니다.

신비스러운 물소리의 편액을 쓴
명필 이광사

조선 초기 안평체의 이용안평대군, 중기 석봉체의 한호석봉, 말기 추사체의 김정희와
더불어 원교체圓嶠體라는 독특한 필체의 이광사는 조선 4대 명필이라 불립니다.
전남 구례의 천은사 일주문에는 이광사가 물 흐르는 듯한 수체水體로 쓴 '智異山
泉隱寺지리산 천은사'라는 편액이 걸려 있지요.

　천은사의 원래 이름은 감로사甘露寺였는데 숙종 때 고쳐 지으면서 샘가의 구렁
이를 잡아 죽이자 샘이 사라졌다고 해서 '샘이 숨었다'는 뜻의 천은사泉隱寺로 이
름을 고쳤습니다. 그러나 그 뒤 원인 모를 화재가 자주 발생하자 마을 사람들은
절의 수기水氣를 지켜주는 구렁이를 죽였기 때문이라고 두려워했습니다. 그런데
이광사가 쓴 편액을 붙인 뒤로는 불이 일어나지 않았다고 전합니다. 지금도 고
요한 새벽 일주문에 귀를 기울이면 편액에서 신비롭게도 물소리가 들린다고 하
니 당시 이광사의 글씨는 신비스런 경지에 다다른 것이 분명하지요.

　이광사는 글씨를 쓸 때 소리꾼에게 노래를 시켜 노랫가락이 맑고 씩씩한 우
조羽調이면 글씨도 우조의 분위기로 쓰고, 평조平調이면 글씨도 평조의 분위기로
썼다고 합니다. 또 국사를 사랑한 이광사는 국조國祖 단군부터 두문동에 은거한
고려 충신들의 이야기까지 서른 가지 일화를 30수로 읊은 《동국악부東國樂府》를 지

지리산 천은사 편액

었을 만큼 우리나라 역사에 관심이 깊었습니다. 이런 철학을 바탕으로 이광사는
조선만이 가진 독특한 글씨체인 동국진체東國眞體를 완성한 명필입니다.

장원급제를 바란다면
오리 그림을 선물하라

조선 후기 200년을 대표하는 화가로 삼원삼재三園三齋(단원, 혜원, 오원, 겸재, 관아재, 현재) 가
운데 한 사람이 현재 심사정입니다. 그의 작품에 '연지유압도蓮池柳鴨圖' 라는 작품

이 있습니다. 심사정 작품으로는 특이하리만큼 화사한 빛깔로 그려져 있는데 이 그림을 보면 연못에서 헤엄치는 오리가 있습니다. 언뜻 생각하면 오리는 암컷과 수컷의 사이가 좋아 부부금실을 나타내는 그림으로 볼 수도 있지요.

하지만 이 그림에서 오리는 장원급제를 바라는 뜻으로 쓰였습니다. 그림 이름 연지유압도를 풀어보면 '오리 압鴨' 자가 있는데 이 압鴨 자를 나눠보면 '갑甲'과 '조鳥'가 됩니다. 여기서 갑은 으뜸 곧 장원급제를 뜻하는데 오리가 두 마리이면 '이갑二甲', 곧 향시鄕試와 전시殿試에서 모두 장원급제라는 뜻이지요. 그뿐만 아닙니다. 연지, 곧 연못에는 연밥이 있는데 연밥을 뜻하는 '연과蓮顆'는 잇달아 합격한다는 뜻의 '연과連科'와 발음이 같습니다. 그래서 연못에 오리가 두 마리이면 연과이갑連科二甲으로 잇달아 두 과거 시험에 장원급제하라는 뜻입니다. 이 그림은 과거를 보는 선비에겐 최고의 선물이었을 것입니다.

조선시대 선비들은 과거에서 장원급제하는 것이 최고의 목표였기에 이런 그림이 무수히 그려진 것으로 생각됩니다. 요즘도 대학수학능력시험을 치르는 날이면 수험생 학부모가 학교 정문에 엿을 붙이고 간절히 비는 모습이 흔한데 심사정이 과거 시험에 합격하라고 '연지유압도'를 그리던 심정과 크게 다르지 않은 마음을 보여주는 풍습일 것입니다.

한여름에 보는
눈 속의 소나무

국립중앙박물관 소장

이인상의 '설송도'

국보 제180호로 추사 김정희의 그림인 '세한도'는 소나무와 잣나무를 간결하게 그리고는 "날씨가 차가워진 후에야 송백의 푸름을 안다"라는 발문을 붙였지요. 소나무는 이렇게 한겨울 눈이 쌓인 뒤에야 그 진가를 뽐냅니다. 그런데 여기 순수하게 소나무만 그린 이인상의 '설송도雪松圖'가 있습니다. 이인상은 조선 후기의 서화가인데 이 작품은 바위 위로 솟아오른 눈 덮인 낙락장송의 당당한 모습을 그린 것이지요.

바위를 뚫고 곧게 뻗은 굵직한 소나무와 오른쪽으로 급하게 휘어진 아무런 꾸밈 없는 두 그루의 소나무로 화폭을 가득 채웠습니다. 사람의 감정이라곤 눈곱만큼도 끼어들 여지가 없는 소나무 그 자체로 온

전한 모습입니다. 더구나 이 소나무들은 예리하게 각이 진 바위들만 있고 흙 한 줌 보이지 않는 비참하리만큼 척박한 환경 속에서도 강인한 의지로 뿌리를 땅에 굳게 박고 있지요.

조선 소나무는 이렇게 곧게 뻗은 금강송이 있는가 하면 구부정하지만 운치가 있는 소나무도 있습니다. 어느 것이 더 옳고 그르다고 평하는 대신 곧은 것과 굽은 것이 함께 어우러진 모습이 아름답습니다. 이 그림을 그린 이인상은 원리원칙을 강조해서 꽉 막혀 보인 인물이지만 그래도 당시 사람들은 그를 가리켜 "절개 있는 인품을 지닌 격조 높은 풍류인"이라고 평했습니다. 어쩌면 이 그림은 이인상이 자신을 생각하며 그렸는지 모릅니다.

용왕님 앞에서도 옆으로 걸어야 한다고 훈수하는 그림

단원 김홍도의 그림 가운데 게가 갈대꽃을 물고 늘어지는 그림 '해탐노화도蟹貪蘆花圖'를 보셨나요? 게가 갈대꽃을 먹는다는 얘기를 들은 적이 없을 것입니다. 그런데 왜 단원은 게가 뒤로 발랑 나자빠지면서도 갈대꽃을 놓지 않는 그런 그림을 그랬을까요? 단원은 이 그림에 깊은 철학을 담아내고 있습니다.

한자로 갈대는 '로蘆'인데 이는 중국 발음으로 하면 '려'로 그 뜻은 원래 임금이 과거 급제자에게 나누어 주는 고기 음식을 말하지요. 그러니까 게 두 마리가 갈대꽃을 물은 모습은 소과小科와 대과大科 두 차례 과거 시험에 모두 합격하기를 바라는 것으로, 그것도 확실하게 붙으라는 뜻입니다. 그뿐만이 아니라 그냥 합격이 아닌 장원급제를 바라는 의미이지요. 게는 등에 딱딱한 껍질 곧 '갑甲'을 이고 사는 동물인데 갑은 천간天干(갑을병정무기경신임계)의 첫 번째 글자로 장원급제를 뜻하니까요.

이처럼 '게가 갈대꽃을 탐하는 그림해탐노화도'은 이런 뜻을 지녔기에 과거 시험을 앞둔 사람에게 선물로 그려주는 대표적인 그림입니다. 그런데 이 그림은 그림 끝에 붙인 글이 압권입니다. 단원이 쓴 "海龍王處也橫行해룡왕처야횡행"은 '바다 속 용왕님이 계신 곳에서도 나는 옆으로 걷는다'라는 뜻으로 급제해서 벼슬을 했을 때, 임금 앞에서도 우물쭈물하지 않고 제 모습대로 소신을 펴라는 의미지요. 남들이 앞으로 걷는다 해서 앞으로 걸어보려는 것이 아니라 자신의 원래 모습대로 남을 모방하지 않고 자신의 길을 걸으라는 깊은 뜻이 담겨 있는 그림입니다.

스승과 제자의
풋풋한 정이 느껴지는 서당

단원 김홍도는 조선 후기 대표적인 도화서 화원으로, 한국적이고 운치 있는 멋진 작품을 그린 화가입니다. 또 서민들의 생활상을 엿볼 수 있는 소박하고 사실적인 풍속화를 많이 그렸지요. 여기 '서당'이란 그림도 역시 그러한 작품으로, 당시 서당에서 공부할 때 일어난 재미있는 광경을 묘사한 것입니다.

국립중앙박물관 소장

김홍도의 '서당'

그림을 보면 가운데서 한 손으로 눈물을 닦고 있는 소년의 모습이 인상적입니다. 회초리가 훈장 옆에 놓여 있는 것으로 보아 《동몽선습》이나 《명심보감》을 외우지 못해 방금 종아리라도 맞은 모양입니다. 이를 바라보는 다른 아이들은 웃음을 참지 못하고 있으며, 훈장마저 웃음을 참느라고 얼굴이 일그러져 있습니다. 이 그림이 종아리를 맞기 전의 모습이라고 하는 이도 있지만 사실

그건 중요한 것이 아니지요.

　대부분 댕기머리를 하고 있는데 갓을 쓴 기혼자도 있습니다. 정면이 아닌 사선 구도의 짜임새 있는 화면 구성이 돋보이는데 배경은 역시 아무것도 없이 비워 놓았습니다. 종이에 수묵담채, 곧 먹으로 먼저 그린 뒤 색을 엷게 칠한 그림입니다. 교육 현장에서 교사의 지나친 체벌과 매질이 문제가 되곤 하는데 김홍도의 '서당'은 스승과 제자 간의 풋풋한 인간 냄새가 물씬 풍깁니다. 훈장 옆에 놓인 가느다란 회초리도 훈육의 뜻으로만 가볍게 준비해둔 느낌입니다. '어떠한 경우도 매를 들 수 없다'는 게 요즈음의 분위기입니다만 그럴수록 김홍도가 그린 서당 풍경이 정겹지 않나요?

세자의 천연두 회복을
기뻐해 그린 그림

미국 북서부 태평양 연안 오리건 주 유진에 자리 잡은 오리건대학교 박물관에는 화려하고 아름다운 '십장생병풍'이 있습니다. 1924년 거트루드 베스 워너 부인이 조선에서 사들인 것입니다. 1880년 비단에 색을 칠해 그린 병풍인데, 크기는 가로 201.9센티미터에 세로 52.1센티미터이지요. 모두 열 폭인데 여덟 폭은 십장생 그림이며, 나머지 두 폭은 그림 제작에 관련된 사람의 이름과 관직을 기록한 좌목座目입니다.

이 그림은 세자 시절 천연두에 걸렸던 순종이 천연두에서 회복하자 그걸 기념하기 위해 그린 것입니다. 천연두는 세상에서 사라진 1977년 이전에는 사람들이 가장 두려워했던 전염병의 하나였습니다. 특히 명성황후는 4남 1녀를 낳았지만 세자 '척순종의 세자 시절 이름'만 남고 모두 죽었기에 척에게 온갖 정성을 쏟았지요. 그래서 척이 천연두를 회복했을 때의 기쁨은 이루 말할 수 없었을 것입니다. 고종도 척의 회복과 관련된 모든 사람들에게 상을 주었고, 사형수를 뺀 죄수들을 석방하기도 했습니다.

십장생十長生은 예로부터 오래 산다고 믿어왔던 열 가지를 한데 모아 불로장생不老長生의 상징물로 삼은 것이지요. 해·산·물·돌·소나무·달 또는 구름·불로초·거북·학·사슴을 말하는데, 중국의 신선神仙 사상에서 유래했습니다. 오래 살기를 바랐던 옛 사람들은 십장생을 시문詩文, 그림, 조각 같은 데에 많이 썼고 병풍, 베갯머리, 혼례 때 신부의 수저 주머니, 선비의 문방구에도 그리고 수를 놓았지요. 경복궁 자경전에는 십장생 그림의 굴뚝이 있을 정도입니다. 예전 사람들보다 오래 사는 지금은 '십장생병풍'이 필요 없을지 모릅니다만 그 아름다움만은 두고두고 즐겨도 좋을 것입니다.

기와집 스무 채 값으로 산
청자상감운학문매병

구름 사이로 학이 날아올랐다. 한 마리가 아니라 열 마리, 스무 마리, 백 마리……. 구름을 뚫고 옥빛 하늘을 향해 힘차게 날갯짓을 한다. 불교의 나라 고려가 꿈꾸던 하늘은 이렇게도 청초한 옥색이었단 말인가. 이 색 이 그토록 그리워하던 영원의 색이고 무아의 색이란 말인가. 세속 번뇌 와 망상이 모두 사라진 서방정토西方淨土란 이렇게도 평화로운 곳인가.

《간송 전형필》에 나오는 글로 간송이 매병을 보고 중얼거렸다는 말입니다. 국보 제68호 청자상감운학문매병은 원래 전문 도굴꾼 야마모토가 강화도의 한 고분 을 도굴하여 고려청자 흥정꾼 스즈키에게 1,000원에 팔아넘긴 것입니다. 마에다 의 손에 왔을 때는 2만 원으로 뻥 튀겨져 있던 것을 간송 전형필 선생이 한 푼도 깎지 않고 매병을 샀습니다. 당시 돈으로 기와집 스무 채 값이었지요. "여자는 값이 싸면 필요 없는 물건도 사두지만, 남자는 꼭 필요한 물건은 바가지를 쓰더 라도 산다"라는 말을 생각나는 장면입니다. 간송은 이 귀한 매병이 일본으로 넘 어가는 걸 걱정했던 것입니다.

매병은 어깨 부분이 풍만한 대신 매우 날씬한 곡선을 그리면서 떨어지다가 맨 아랫부분에서는 밖으로 살짝 넓어져 안정감을 줍니다. 그리고 원 안의 학은 위로 향하고 원 밖의 학은 아래로 향하고 있어 율동감과 화려함을 더해줍니다. 이런 아름다운 매병이었기에 또 다른 일본인 수집가인 아마이케가 무려 4만 원을 부르며 매병을 사들이려고 했지만 간송은 정중히 거절했습니다. 간송은 자신의 재산을 모두 털어 우리의 정신을 지킨 일제강점기 문화재 독립운동가였습니다. 청자상감운학문매병을 감상하러 간송미술관에 가보는 건 어떨까요?

우리나라에서 가장 유명한 붓은?

네 친구가 서로 어울리되 너만을 임금이라 함은 四友相須獨號君
고금의 문장을 너만으로 쓰기 때문이리라 中書總記古今文
출세하고 낙오함도 네 힘에 달렸고 銳精隨世昇沈別
영리하고 우둔함도 네 혀끝에 달렸도다 尖舌由人巧拙分

김삿갓의 시 '붓' 입니다. 예전 선비의 벗이었던 붓은 보통 짐승 털로 만든 모필毛筆이었지만 그 밖에도 대나무로 만든 죽필竹筆, 볏짚으로 만든 고필藁筆, 닭 목의 털

로 만드는 닭털붓 같은 것도 있습니다,

우리나라에서는 특히 족제비털로 만든 황모필^{黃毛筆}이 유명했으며, 중국 문헌에서는 이 붓을 낭미필^{狼尾筆}, 서랑모필^{鼠狼毛筆} 또는 성성모필^{猩猩毛筆}이라 했는데, 일찍부터 중국에 수출되었지요. 그밖에 붓을 만드는 털로는 노루 겨드랑이 털로 만들어 붓 가운데 가장 부드럽다는 장액필^{獐腋筆}을 비롯하여 여우·토끼·이리·사슴·호랑이·산돼지·살쾡이·담비·쥐수염·개·말 따위의 털로 만든 붓이 다양하게 쓰였습니다. 하지만 가장 많이 쓰는 것은 양털로 만든 양호필^{羊毫筆}이었습니다.

옛말에 붓이 제 구실을 하려면 사덕^{四德}을 갖추어야 한다고 했습니다. 사덕이란 붓끝이 뾰족할 것^{첨(尖)}, 가지런할 것^{제(齊)}, 둥글게 정리되어 갈라지지 않을 것^{원(圓)}, 튼튼할 것^{건(健)}을 말하지요. 그러나 조재삼이 글씨를 쓸 때 아무리 붓이 중요하다 해도 "글씨를 잘 쓰고 못 쓰는 것은 손에 달렸다"라고 《송남잡지》에서 말한 것이나, 천하의 명필 추사 김정희가 벼루 열 개와 붓 1,000자루를 썼다는 것을 생각하면 글씨를 잘 쓰는 것은 오랜 세월을 갈고 닦는 노력과 글에 임하는 정성의 산물임을 알 수 있습니다.

김홍도의 총석정과 이인문의 총석정
그 차이를 아시나요?

지금은 북한에 속한 강원도 통천군 통천읍에는 총석정叢石亭이라는 정자가 있습니다. 총석정은 관동팔경關東八景의 하나로, 주위에 현무암으로 된 여러 개의 돌기둥이 바다 가운데에 솟아 있어 절경을 이루지요. 그래서 이를 그림으로 그린 화가가 많았습니다. 특히 정선은 여러 점의 작품을 남겼고, 김홍도, 이인문, 이재관, 허필, 김하종 등도 즐겨 그렸습니다.

똑같이 총석정을 보고 그린 그림이지만 가장 많이 그린 정선의 작품을 보면

● 김홍도, 이인문, 이재관, 정선의
총석정 그림(왼쪽 위부터 시계 방향)

일절 색을 쓰지 않은 채 오로지 수묵만으로 물결치는 파도를 그렸으며 김홍도는 파도소리에 새소리까지 들릴 듯 섬세하고 정감 있게 그렸지요. 그런가 하면 초상화를 잘 그린 이재관은 얌전하고 꼼꼼한 모습으로 총석정을 그립니다. 이인문은 잘 알려지지 않은 화가였지만 주눅 들지 않고 자신만의 색채를 표현해 수채화처럼 총석정을 그렸다는 평을 받습니다.

이처럼 유명 화가이든 무명 화가이든 제 나름대로 특징을 살려 그린 총석정은 그래서 더 흥미로운지 모릅니다. 그림에서도 정선이나 김홍도 같은 당대 최고의 화가들만 있다면 재미가 없을 것입니다. 그것은 마치 장미꽃이나 백합 같은 한두 종의 꽃만 피어 있는 정원과 같겠지요. 다양한 개성과 자신만의 색깔로 그린 총석정을 지금은 갈 수 없어 아쉽습니다. 언젠가 찾아가 파도치는 정자에 서게 되면 붓으로 자연을 노래하고 인생을 노래한 화가들을 기억하게 될 것입니다.

서양음악과 다른 우리 음악의 매력

국악 편

연평 바다에

어허얼싸 돈바람 분다

얼싸 좋네

아 좋네 군밤이여

고음을 내는
해금과 저음을 내는 아쟁

많은 사람이 국악기 가운데 해금과 아쟁을 헷갈려 합니다. 분명히 모양새도 다르고 음역도, 연주법도 다르지만 왜 그렇게 혼란스럽게 생각하는지 모를 일입니다. 요즘 해금이 부쩍 인기를 얻고 있으니 이참에 확실히 공부를 해두면 좋겠습니다. 두 악기 모두 줄을 사용하여 소리를 내는 현악기이며 특히 줄을 활로 마찰시켜서 연주하는 찰현악기擦絃樂器라는 점에서는 같습니다. 현악기에는 찰현악기 말고도 손가락이나 다른 물체로 퉁겨 소리를 내는 비파나 기타와 같은 발현악기撥絃樂器, 줄을 망치로 두들겨 소리 내는 피아노와 같은 타현악기打絃樂器도 있지요.

두 악기가 같은 찰현악기지만 깡깡이, 앵금이라고도 부르는 해금은 두 줄로 되어 있으며, 세워서 연주합니다. 해금은 고려시대에 들어온 뒤 궁중음악과 민

해금(왼쪽)과 아쟁(오른쪽)

속음악에 이르기까지 폭넓게 연주됩니다. 말총으로 만든 활을 안 줄과 바깥 줄 사이에 넣고 문질러서 소리를 내는데, 일정한 음자리가 없이 다만 줄을 잡는 손의 위치와 줄을 당기는 힘의 강약에 따라 음 높이가 달라지는 독특한 악기지요. 따라서 해금은 화려한 소리를 낼 수 있기에 서양 악기와도 곧잘 어울리며, 독주 악기로도 큰 인기를 얻고 있습니다.

아쟁 역시 고려 때부터 전해오는 악기로 조선 성종 무렵부터는 향악에까지 쓰게 되었지요. 앞면은 오동나무, 뒷면은 밤나무로 만드는데 현악기 가운데서는 가장 좁은 음역을 지닌 저음악기이며, 개나리나무 활대로 연주합니다. 아쟁은 가야금이나 거문고처럼 무릎에 올려놓고 연주하는 것이 아니라 받침대 위에 머리 부분을 비스듬하게 받쳐놓은 상태로 바로 앉아 활대로 줄을 그어 연주하지요. 이처럼 해금과 아쟁은 생김새부터 서로 다른 악기임에도 사람들이 혼동하는 것은 국악을 제대로 다루지 않는 우리 음악 교육의 문제가 아닐까요?

남정네 한을 풀어주는
아쟁 소리

텔레비전 사극에서는 가끔 오열하는 듯한 소리가 터져 나옵니다. 그것이 아쟁이라는 악기에서 나오는 소리임을 아시나요? 격정적인 슬픔이 이어질 때 시청자의 눈물샘을 자극하는 소리가 바로 아쟁산조이죠. 아쟁은 연주자의 앞쪽에 수평으로 뉘어 놓고 '활대'를 수직 방향으로 써서 연주하거나, 가끔씩 손가락으로 가야금처럼 뜯기도 하면서 연주하는 악기입니다. 아쟁은 크게 두 종류로 나누는데 정악 아쟁은 7~10현이며, 산조 아쟁은 정악 아쟁보다 크기가 조금 작고 주로 8현입니다.

아쟁은 아시아 여러 나라에 퍼져 있는 악기 '쟁箏'의 한 종류이지만, 우리의 아쟁은 연주방법이 독특합니다. 일본의 '고토koto'나 중국의 '정zheng'은 손가락으로 줄을 뜯거나 퉁겨서 연주하는 데 견주어 우리 아쟁은 쟁 가운데 유일하게 활대를 이용하여 줄과의 마찰로 소리를 냅니다.

　　오열하는 듯한 아쟁산조 소리는 아녀자의 슬픔이 아니라 남정네의 눈물이라고 합니다. 가볍고 높은 소리가 아닌 무겁고 장중한 소리가 나기 때문입니다. 느린 진양조 가락에서는 격정적으로 흐느끼다가 중모리—중중모리로 이어지고 빠른 자진모리와 휘모리로 넘어가면서 차츰 한을 풀어헤치다 마지막에는 한의 모습을 찾아볼 수 없게 됩니다. 이렇게 아쟁산조는 슬픔과 한에 머물지만은 않습니다. 슬픔의 늪에서 허우적거리다가 아쟁 소리를 들으면 한을 뛰어넘는 정서를 느끼게 됩니다. 절망이 아닌 희망과 신명을 동시에 주는 아쟁! 남정네라는 죄 때문에 펑펑 울지 못한 분들은 한의 정서를 대변해주는 아쟁산조를 가까이 해봄이 어떨는지요?

닮은꼴 악기인 해금과 바이올린,
아쟁과 첼로, 대금과 플루트

서양 현악기의 대표적인 것으로 바이올린이 떠오릅니다. 네 줄을 가진 바이올린은 음역이 넓어 독주, 합주, 관현악에 빠져서는 안 되는 중요한 악기지요. 이와 비슷한 우리 악기로는 해금이 있습니다. 똑같이 줄을 문질러 소리를 내는 찰현

대금(왼쪽)과 플루트(오른쪽)

악기이지만, 바이올린과는 달리 오로지 두 줄만으로 기막힌 소리를 연주합니다. 오직 줄을 잡는 손의 위치와 줄을 당기는 힘 조절에 따라 음 높이가 정해지기에 연주하기가 까다롭습니다. 하지만 까다로운 만큼 소리가 환상적이기에 특히 현대인에게 큰 인기를 얻고 있습니다. 이러한 해금은 조선시대 대표적인 연주 형태였던 삼현육각을 비롯하여 웬만한 합주 자리에는 빠지지 않지요.

그런가 하면 서양 현악기 가운데 비교적 거친 듯하면서 낮은 음빛깔을 지닌 첼로가 있습니다. 첼로의 낮은 소리는 다른 소리를 감싸 안는 느낌을 주지요. 우리 국악에도 그런 악기가 있는데 바로 아쟁입니다. 다만, 아쟁은 명주실 현을 개나리나무로 만든 활대로 문질러 내기에 금속성 줄을 쓰는 첼로보다 소리에 깊이가 느껴집니다.

관악기 가운데에는 대금을 똑같이 가로로 부는 악기인 플루트와 비교할 수 있습니다. 대금이 플루트에 비해 음깊이가 더 깊고 신비로운 소리가 납니다. 음

빛깔이 부드럽고 맑아 가락 연주에 알맞고 음역도 넓어 여러 형태의 악기와 함께 연주할 수 있습니다. 또한 대금은 젓대라고도 불리는데 신라 때는 모든 우환과 근심을 풀어주는 만파식적으로 알려졌지요.

　이밖에 태평소와 트럼펫, 자바라와 심벌즈 그리고 소공후와 하프도 닮은꼴 악기지요. 이와 같이 음악을 들을 때 동서양 음악의 차이를 견주어 보거나 악기를 비교해보는 것도 재미있는 일입니다.

메기는 소리와 받는 소리의
민요 이야기

　　당산에서 멸치를 보고 어 어허야 디야
　　망선에 서서 그물을 친다 어 어허야 디야
　　서쪽 고리는 서쪽으로 어 어허야 디야

위 노래는 제주도 민요 '멸치 잡는 노래' 입니다. 가사를 보면 첫 줄부터 셋째 줄까지 모두 뒷부분에 "어 어허야 디야" 라는 말이 반복해서 나옵니다. 이렇게 민요에는 특별한 뜻이 없이 반복되는 후렴구들이 있는데 이것이 받는 소리입니다. 앞의 메기는 소리는 전체 노래를 이끄는 사람이 홀로 부르는 소리이고, 받는 소리는 나머지 사람이 모두 함께 부르는 소리를 말하지요. 경기민요의 '군밤타령' 가사를 봐도 받는 소리가 나옵니다.

> 바람이 분다 바람이 분다
> 연평 바다에 어허얼싸 돈바람 분다
> 얼싸 좋네 아 좋네 군밤이여
> 에헤라 생률 밤이로구나
>
> 봄이 왔네 봄이 왔네
> 금수강산에 어허얼싸 새봄이 왔네
> 얼싸 좋네 아 좋네 군밤이여
> 에헤라 생률 밤이로구나

역시 각 절마다 뒷부분에 "에헤라 생률 밤이로구나"가 따라옵니다. 특히 일하면서 부르는 노동요는 이 메기고 받는 소리의 형식을 잘 따릅니다. 각 지방의 논매는 소리, 벼 터는 소리, 모 찌는 소리, 고기 푸는 소리, 상엿소리 같은 것들이 그렇지요. 지금처럼 모든 것이 기계화되지 않았던 시절, 오로지 사람의 힘으로 일을 해야 하는 고달픔 속에서 조금이라도 노동의 힘겨움을 잊고자 불렀던 가락들입니다. 이제는 거의 사라지고 일부 소리꾼의 입으로만 전해지는 것이 아쉽습니다.

봄날, 풀피리 소리로 날아서
그대에게 가렵니다

《연산군일기》 11년1505년 2월 20일 기록에 보면 "서울 밖의 운평악기를 다루는 기생 가운데 풀피리를 잘 불고 예쁜데도 숨겨진 자가 있을 것이니, 널리 다니면서 찾게 하라"라는 내용이 있습니다. 원문에서는 "초적草笛"이라고 쓰였는데 "초금草琴"이라고도 했지요. 나뭇잎이나 나무껍질, 풀잎 따위를 입술로 불어서 소리를 내는 악기가 바로 풀피리입니다. 지금 풀피리 연주자 가운데 나라에서 지정한 중요무형문화재는 없고, 지방 무형문화재로만 지정되어 있는데 보유자는 서울제24호의 박찬범과 경기도제38호의 오세철입니다.

조선 성종 때 성현成俔 등이 의궤儀軌와 악보를 정리하여 편찬한 음악서 《악학궤범樂學軌範》에 "예전에는 초적에 복숭아나무 껍질을 만 것이 있었다. 예전 사람이 이르기를 잎사귀를 입에 물고 휘파람을 부는데 그 소리가 맑게 진동하며, 귤과 유자의 잎사귀가 더욱 좋다 하였고, 또 갈대 잎사귀를 말아서 초적을 만드는데 그 모양이 그와 같다 하였다. 지금은 벚나무 껍질을 즐겨 쓴다. 대개 나뭇잎이 단단하고 두꺼우면 다 쓸 수 있다. 그저 가만히 또는 세게 불어서 높고 낮은 음을 만들고 이 사이로 혀끝을 움직여 악조를 맞춘다. 초적을 배우는 데는 선생의 가르침이 필요 없고 악절만 알면 다 할 수 있다"라는 글이 보입니다.

영조 20년1744년에 쓰인 《진연의궤進宴儀軌》에 따르면 초적 악사 강상문이 궁중 잔치에 참석했다는 기록이 있으며, 일제강점기 때는 강춘섭 명인이 초적 시나위와 초적 굿거리를 녹음한 유성기 음반도 남아 있습니다. "듣고 계시는지요? 봄이 지는 문간에 잡풀만 수북하게 자라서 길이 보이지 않으니 나는 풀피리 소리로 날아서 그대에게로 갈 수밖에 없습니다." 시인 풍경소리 님이 블로그에 올린 아름다운 시입니다. 풀피리 한 번 불어보시겠어요?

수룡음으로 정사를 살핀다

절벽은 천 길 깎아지르고 폭포는 거기 걸렸으니 壁立斷崖千飛流懸

마치 은하수가 푸른 하늘에서 오는 것 같도다 有如銀漢來靑天

창공을 울리는 음향, 용의 읊조림을 듣는 듯 隱空似聽水龍吟

진주 찧고 옥 부숴 쏴쏴 만 길 높이로다 珠玉碎兮萬尋

용은 보물을 품고 그 못에 누웠는지 龍應抱寶潛其淵

음침한 골짜기는 낮에도 항상 구름이요 연기로다 陰壑白日常雲煙

생황

위는 《동문선東文選》 제7권 '박연폭포행' 에 나오는 시 일부인데 셋째 단락 끝 부분에 보면 "수룡음水龍吟" 이 란 말이 나옵니다. 말뜻대로라면 용이 물속에서 읊 조린다는 뜻이지요. 용이 어떻게 읊조릴까요?

흔히 '수룡음' 은 '생소병주' 로 연주하는데, 곧 생황笙簧과 단소短簫가 함께하는 음악으로 참 맑고 청 아한 소리가 납니다. 《태종실록》 2년1402년 6월 5일자 에 보면 예조에서 궁중 의례 때 쓰는 음악 열 곡을 올 리는데 '수룡음' 은 셋째에 속하는 음악입니다. 그러면서 열 곡을 고른 까닭을 말합니다.

　"신 등이 삼가 고전古典을 돌아보건대, '음音을 살펴서 악樂을 알고, 악을 살펴서 정사政事를 안다' 하고, 또 말하기를, '악을 합하여 하늘의 신령과 땅의 신령에 이르게 하며 나라를 화합하게 한다' 라는 이유를 들어 이러한 곡을 쓰도록 권합니다. 예전에는 임금도 '악' 을 알아야 바른 정치를 할 수 있다고 본 것이지요. 그 '수룡음' 은 이렇게 임금이 바른 정치를 하도록 돕는 음악 가운데 하나입니다. 2011년 10월 8일 창경궁 명정전 뒤뜰에서 '창경궁의 밤' 공연 때 수룡음을 선보였는데, 조금만 관심을 기울이면 여러분도 직접 '수룡음' 을 들을 수 있을 겁니다.

주인공이은 아니지만 놀이를 빛내는 초랭이

중요무형문화재 제69호 하회별신굿탈놀이에 보면 '초랭이' 가 등장합니다. 양반의 하인으로 등장하는 초랭이는 초랑이 · 초란이 · 초라니라고도 불리는데 무색 바지저고리에 쾌자快子(옛 군복의 일종으로 등 가운데 부분을 길게 째고 소매는 없는 옷)를 입고 머리에는 벙거지를 씁니다.

초랭이탈

초랭이탈의 광대뼈는 입매를 감싸면서 오른편은 위쪽이 툭 불거져 있고 왼편은 아래쪽이 곡선의 볼주름을 이룹니다. 그리하여 오른쪽 입매는 화난 듯 보이지만 왼쪽은 웃는 모습이 되어 기가 막힌 불균형입니다. 또 앞으로 툭 불거져 나온 이마, 올챙이 눈에 동그랗게 파여 있는 눈동자, 끝이 뭉툭하게 잘린 주먹코, 일그러진 언청이 입을 비롯하여 어느 것 하나 제대로 된 것이 없는 온갖 못생긴 것을 한데 모아놓은 듯한 얼굴이지요.

그렇지만 놀이에서는 여인과 놀아나는 중을 비난하고, 양반과 선비를 우스갯거리로 만듭니다. 또 초랭이는 이런 못생긴 얼굴상과 함께 험악한 말씨로 양반을 공격합니다. 그러다가 양반의 호령이 떨어지면 얼른 웃는 입매를 짓습니다. 이 초랭이는 하회별신굿탈놀이에서 주인공은 아닐지라도 상전의 허위의식을 비판하며 놀이의 감초 역할을 하는 중요한 인물입니다.

수제천,
그 천상의 선율을 듣다

"돌하 노피곰 도두샤"로 시작하는 '정읍사'를 우리는 국어시간에 접할 수 있었습니다. 멀리 떠나보낸 남편을 그리는 여인의 애절한 사랑의 노래라고 하지요. 그 '정읍사'를 바탕으로 만들어졌다는 음악 수제천壽齊天을 들어보셨나요? 국악과 출신인 문성모 목사가 독일의 한인교회에서 대학생들에게 '한국적인 자각을 위한 질문'이라는 제목으로 서양 음악과 국악을 비교하는 물음을 던졌습니다. 그 물음 속에는 서양 클래식을 대표한다는 '운명 교향곡'과 '수제천'을 견줍니다. 그만큼 '수제천'은 우리 음악을 대표하는 음악이라 해도 지나치지 않습니다.

이 음악의 악기 편성은 당초 삼현육각인 향피리 둘, 젓대대금 하나, 해금 하나, 장구 하나, 좌고 하나로 6인 편성이었으나 지금은 장소와 때에 따라 아쟁, 소금이 더해지는 등 달라지기도 하지요. 향피리가 주선율을 맡고 있으며 대금과 해금이 향피리가 쉬는 여백을 받아 연주하는 연음 형식으로 장중함과 화려함을 더해줍니다.

처음 듣는 사람들은 곡의 느린 속도에 놀라게 됩니다. 메트로놈으로 측정하기조차 힘들다는 이러한 속도는 인간의 일상적인 감각을 크게 초월해 있습니다. 그뿐만 아니라 한 박, 한 박의 길이가 불규칙하기 이를 데 없어서 각 박의 길이가 똑같은 서양음악의 입장에서 보면 이해하기 어려운 곡이라는 말도 지나친 말은 아닙니다. 어쩌면 남편에 대한 그리움과 애절한 사랑의 마음을 차마 말로 다 표현할 수 없어 느려진 것은 아닌지요. 은근하게 시작하던 음악은 때로는 조용히, 때로는 격하게 타오르다가 다시 사그라질 때 곡도 끝나게 됩니다. 천상의 음악이라는 수제천 한번 들어보실까요?

큰 악기들을 이끄는 작은 피리,
도적 떼를 울리다

태종 5대손 단산수 이주경이 겪은 일입니다. 어느 날 그가 황해도에 갔다가 구월산 도적에게 잡혀갔습니다. 그런데 그 도적 떼의 두목이 바로 임꺽정이었지요. 이때 끌려온 이주경이 명인임을 알아본 임꺽정은 그에게 피리를 불라고 명합니다. 이에 이주경이 웅장한 우조부터 슬프고 처절한 계면조까지 불어 나가자 임꺽정과 부하들은 서로 붙들고 목 놓아 울었습니다. 그리하여 이주경은 무사히 풀려날 수가 있었다지요.

　조선시대 음악 연주 형태의 바탕은 삼현육각이었습니다. 궁중무용과 행진 음

피리가 이끄는 삼현육각의 연주 모습

악, 지방 관청의 잔치, 높은 관리의 행차, 향교 제향 그리고 각 지방에서 신에게 제사 지낼 때 민간에 두루 쓰이던 음악입니다. 바로 김홍도의 그림 '무동舞童'과 같은 모습이었지요. 그림을 보면 악사들이 맨 오른쪽부터 좌고, 장구, 두 대의 향피리, 대금, 해금을 연주합니다. 그런데 이 삼현육각은 향피리가 주도하는 형태입니다. 향피리는 한국 고유의 피리라는 뜻으로, 중국에서 전래한 당唐피리와 구분하려고 붙인 이름입니다. 향피리는 길이 27센티미터에 관의 안지름이 1센티미터 정도인데 소리구멍은 앞에 일곱 개, 뒤에 한 개, 모두 8공八孔입니다.

　전통음악 연주에 쓰는 피리는 향피리 · 세피리 · 당피리 세 가지입니다. 그 피리들은 모두 관管에다 혀다른 말로는 서(reed)를 꽂아 세로로 부는데, 향피리는 세피리에 비해 굵은 관대와 큰 혀를 사용하므로 일명 대피리라고 불리기도 합니다. 피리는 작지만 소리가 큰 악기로, '작은 고추가 맵다'는 속담 대신 '작은 피리가 큰 악기들을 이끈다'라고 해도 괜찮을 것입니다.

세종의 정간보와
700년 걸려 완성된 서양 오선기보

음의 길이와 높이를 나타낼 수 있는 것을 유량악보有量樂譜라고 합니다. 그런 악보에는 서양의 오선기보와 세종이 창안한 동양 최초의 유량악보인 정간보井間譜가 있습니다. 고려시대부터 써온 것으로 보이는 율자보律字譜·공척보工尺譜 같은 악보는 음길이를 나타내지 못하는 단점이 있어 이런 흠을 없애려고 절대음감의 소유자인 세종이 만든 것이지요.

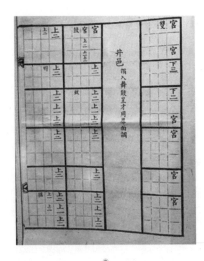

정간보를 사용한 《대악후보》

정간보는 1행 32간間을 '우물 정井' 자 모양으로 칸을 질러놓고, 한 칸을 1박으로 쳐서 음의 길이를 나타낸 것입니다. 세종은 "아악은 본래 우리 음악이 아니고 실은 중국 음악이다. 우리 조상이 살아서는 향악을 익숙하게 듣다가 죽어서는 제사 때 아악을 들으니 잘못된 일이다. 따라서 제사 때에도 향악을 연주해야만 한다"라고 말했습니다.

세종이 이런 자주적인 정신을 가졌기에 정간보를 만들 수 있었던 것입니다. 이 정간보를 이용한 악보에는 《세종실록악보世宗實錄樂譜》,《금합자보琴合字譜》,《양금신보梁琴新譜》,《대악후보大樂後譜》 같은 것이 있습니다. 서양 음악의 오선기보는 9세기 말부터 시작하여 17세기 초까지 700여 년이라는 긴 시간을 거치면서 만들어진 것에 견주어 세종이 만든 정간보는 그보다 훨씬 짧은 기간에 만들어진 유량악보인 것입니다.

종묘제례악과 문묘제례악에 쓰이는 특별한 악기들

국악에는 궁중에서 연주되는 음악인 아악이 있는데 그 대표적인 것이 중요무형문화재 제1호인 종묘제례악과 문묘제례악입니다. 종묘제례악은 조선왕조 역대 임금과 왕후의 신위神位를 모신 종묘에 제사 지낼 때 연주하는 음악을 말하며, 보태평保太平과 정대업定大業이라는 음악을 중심으로 연주합니다. 또 문묘제례악은 공자·맹자·증자 등 중국 유학자와 설총·조광조·이황 등을 모시는 제사 때 쓰이는 음악입니다.

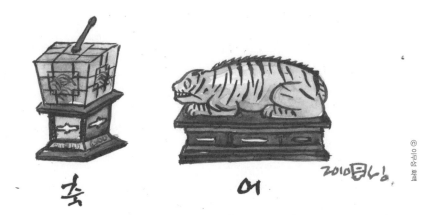

축   어

그런데 이 제례악에는 민속악에서 쓰지 않는 특별한 악기들이 있습니다. 먼저 음악을 시작할 때와 끝날 때 쓰이는 악기로는 박달나무 여섯 조각을 한쪽에 구멍을 뚫은 후 한데 묶어서 만든 '박拍'이 있습니다. 또 네모난 나무통 위에 구멍을 뚫어 나무방망이로 내리치는 '축'은 시작할 때 쓰는 악기이며, 호랑이를 본뜬 모양의 등줄기에 톱날처럼 생긴 톱니가 달린 '어'는 음악을 끝낼 때 쓰는 악기입니다. 어의 연주법은 호랑이 머리를 세 번 치고 꼬리 쪽으로 한 번 훑어 내리는 것인데 악기 모양도 신기하고 소리도 독특합니다.

또 'ㄱ'자 모양의 돌 16개를 두 단으로 된 나무틀에 매달아 놓고 치는 '편경編磬', 16개의 종을 두 단으로 된 나무틀에 매달아 놓고 쇠뿔로 된 망치로 쳐서 소리를 내는 '편종編鐘', 네모난 받침대 위에 북을 비스듬히 놓고 치는 큰북으로 '절고

節鼓', '진고_{晋鼓}'도 있습니다. 또 '특경_{特磬}'은 큰 돌 하나만 따로 틀에 매달아놓고 치는 악기이며, 특종_{特鐘}은 큰 종 하나만 따로 틀에 매달아놓고 치는 악기입니다. 이와 같이 예부터 우리 겨레는 다양한 악기를 통해 우리에 맞는 수준 높은 음악을 창조해왔던 것입니다.

노들강변을 지은
이 시대 최고 만담가

노들강변 봄버들 휘늘어진 가지에다가
무정세월 한허리를 칭칭 동여매어나 볼까
에헤야 봄버들도 못 믿으리로다
푸르른 저기 저 물만 흘러 흘러서 가노라

1930년 신불출이 작사한 '노들강변'인데 문호월 작곡, 박부용 노래로 서민의 사랑을 받아 우리 음악사에 불멸의 민요곡으로 자리 잡은 노래입니다. 이 노래는 오케_{OK}레코드 사에서 음반으로도 제작됐는데 1930년대 작곡가 이면상과 음악

전문가들은 협의를 거쳐 '노들강변'을 〈신민요〉의 첫 작품으로 결정했습니다.

하지만 신불출은 만담가로 더욱 유명합니다. 일제강점기에 풍자와 해학으로 당대 최고의 인기를 얻었던 사람이지요. 신불출은 특유한 화술로 대중의 인기를 끌었지만, 일제에 노골적으로 저항했기에 툭하면 경찰에게 끌려가 조사를 받았고 인기 높던 그의 음반은 자주 불온 작품으로 걸려 판매 금지를 당했습니다.

그의 만담 작품 '말씀 아닌 말씀'에는 "사람이 왜 사느냐가 문제인 것이 아니라 어떻게 살 것인지가 문제다. 그러므로 우리는 '왜' 자라는 것을 아예 없애버려야 한다"는 내용이 나옵니다. 일본을 뜻하는 '왜倭' 자와 같은 발음의 말을 써서 '왜놈을 없애야 한다'는 뜻을 전하고자 했던 것입니다. 또 이름을 '불출不出'로 바꾼 이유는 '이렇게 일본 세상이 될 줄 알았더라면 차라리 세상에 나지 말았어야 했다'는 뜻에서였다고 합니다. 일제의 수탈에 고통을 받던 조선 민중은 신불출의 만담으로 잠시나마 울분을 달랬습니다. 일제에 간접적으로 항거하면서 조선 민중을 보듬었던 신불출, 그는 어쩌면 또 다른 독립투사일 것입니다.

우리 겨레를 상징하는 노래
아리랑

날 좀 보소 날 좀 보소 날 좀 보소 동지섣달 꽃 본 듯이 날 좀 보소
아리아리랑 쓰리쓰리랑 아라리가 났네 아리랑 고개로 넘어간다

• 밀양아리랑

아리랑 아리랑 아라리요 아리랑 고개로 나를 넘겨만 주소
강원도 금강산 일만 이천봉 팔만구암자

• 정선아리랑

문경새재는 웬 고갠가 굽이야 굽이굽이가 눈물이 난다 아리아리랑 쓰리
쓰리랑 아라리가 났네 아리랑 응응응 아라리가 났네

• 진도아리랑

우리 겨레를 상징하는 노래 아리랑은 대표적인 민요답게 본조아리랑, 밀양아리
랑, 정선아리랑, 진도아리랑처럼 지역마다 불리는 종류도 다양합니다. 그 아리
랑에 관련한 사건이 근현대사에 두 번이 있었지요. 하나는 1926년 개봉한 영화

<북한 아리랑> 앨범 표지

〈아리랑〉이고, 다른 하나는 1991년 남북이 세계 무대에서 함께 쓴 단가 '아리랑' 제작입니다.

먼저 1926년 10월 1일 서울 단성사에서 나운규 감독·주연의 〈아리랑〉이 개봉되었습니다. 이 영화의 개봉은 그 자체가 하나의 사건이었는데 개봉 첫날부터 유례없는 인기를 끌어 관중이 인산인해를 이루었지요. 주연을 맡았던 여배우는 당시의 정황에 대해 "관객들이 너무나 감동이 벅차서 목 놓아 우는 사람, 아리랑을 합창하는 사람, 심지어 조선 독립 만세를 외치는 사람까지 그야말로 감동의 소용돌이"였다고 말했습니다. 당시 주제가인 아리랑은 조국을 잃은 겨레가 애국가처럼 부르게 되었지요. 한마디로 〈아리랑〉은 항일 저항 정신을 필름에 아로새긴 민족영화였다는 평을 받습니다.

다른 사건은 1991년에 생겼지요. 남한과 북한이 하나의 겨레임을 알려주는 노래가 아리랑임을 온 세상에 선언한 것입니다. 4차에 걸친 판문점 회담 끝에 1991년 탁구 단일팀 구성에 따른 공식적인 합의서를 작성했는데 선수단 호칭은 '코리아', 선수단 단가는 '아리랑', 선수단 단기는 '한반도기흰색 바탕에 하늘색 한반도 지도'로 합의를 본 거지요. 이를 바탕으로 북한이 악보를 보내오고 남한이 제작한 아리랑이 1991년 4월 12일에 탄생했습니다. 어쩌면 남북한 공동의 '아리랑의 날' 이 새롭게 만들어진 셈입니다.

입으로 전하고 마음으로 받는
우리 가락, 산조

산조散調는 한국 전통음악에 속하는 기악 독주곡의 한 장르입니다. 19세기 말 김
창조의 가야금산조를 시작으로 거문고산조, 대금산조, 해금산조, 피리산조, 아쟁
산조 등으로 발전하였습니다. 산조를 연주할 때는 장구 반주가 필수적이며, 처
음에는 느린 진양조로 시작하여 점차 중모리, 자진모리, 휘모리로 바뀌어 갑니
다. 우조羽調와 계면조界面調가 있고, 감미로운 가락과 처절한 애원조의 가락이 있
지요.

산조는 말뜻 그대로 '허튼 가락' 또는 '흩은 가락'에서 유래한 것인데 산조
이전에 있었던 여러 민간 음악이 산조 속에 녹아 하나가 되었습니다. 연주 장소,
연주자, 연주 조건에 따라 즉흥적인 감정 표현을 중시하는 음악입니다. 산조는
전통 사회의 해체기에 생겨나다 보니 해체기의 '흐트러짐', '불안함'을 있는 그
대로 반영하면서도 자연스런 개성미를 추구하여 민중 사이에서 해방감을 안겨

가야금산조를 연주하는 김남순 명인

준, 곧 당시의 시대상을 반영한 민중음악이라고 평가받습니다.

산조는 짧게는 15분, 길게는 한 시간을 넘기기도 하지요. 특히 산조는 이른바 구전심수口傳心受, 곧 "입으로 전하고, 마음으로 받는다"라는 방법으로 가르침이 이어졌습니다. 선생이 한 가락을 하면, 제자는 그대로 따라 한 가락을 하는 것인데 요즘에도 산조나 판소리는 이 방법으로 전수받는 방법이 대부분입니다. 처음에는 스승의 가락을 그대로 연주하면서 배우기 시작하지만 어느 정도 경지에 오르면 스스로 음악을 만들어낼 수가 있지요. 그래서 산조는 연주자가 연주하는 장소와 때에 따라 얼마든지 가락에 변화를 줄 수 있는 예술성이 높은 음악입니다.

새 세상의 풍경에 벅찬 느낌을 받는
판소리 고고천변

치어다보니 만학천봉이요, 굽어다보니 백사지로다. 허리 굽어진 늙은
장송, 광풍을 못 이겨 우쭐우쭐 춤을 출 제, 원산은 암암, 근산은 중중,
기암은 층층, 뫼산이 울어, 천리 시내는 청산으로 돌고, 이 골 물이 주르
르르르, 저 골 물이 콸콸, 열에 열두 골 물이 한데 합수쳐 천방자 지방자
얼턱져 구비져 방울이 버끔, 저 건너 병풍석에다 마주 쾅쾅 마주 쌔려

판소리 '수궁가'에서 "고고천변일륜홍"으로 시작하는 '고고천변'의 한 대목입
니다. 이 사설은 별주부가 처음으로 수궁 밖을 벗어나 용왕의 병에 쓸 토끼의 간
을 구하러 세상으로 나오는데 풍경이 모두 새로워 감당할 수 없으리만큼 벅찬 느
낌을 받는 것을 담은 대목입니다. "시내는 푸른 산을 돌아 이 골 물은 주르르르
르, 저 골 물은 콸콸, 열두 골 물이 합쳐져 구비져서 물방울이 일고" 한자 말이 섞
이긴 했지만 아름다운 우리말을 잘 구사하고 있지요. 그만큼 자연을 기막히게
표현한 것으로 워낙 인기가 있어 진작부터 독립되어 불리고 있는 대목입니다.

　판소리에서는 이 '고고천변'처럼 가사 첫 머리를 제목으로 삼는 경우가 많습
니다. 그 대표적인 예가 '춘향가' 가운데 '쑥대머리'나 '심청가' 가운데 '범피

중류'가 그것입니다. 판소리는 듣기 어렵다고 말하는 이들이 있습니다. 하지만 이렇게 사설 내용을 알고 들으면 참으로 재미있습니다. '고고천변' 한번 들어보면 어떨까요?

원님 덕에 부는 나발은 무엇일까요?

우리 속담에는 "원님 덕에 나발 분다" 또는 "사또 덕에 나발 분다"라는 것이 있지요. 원님은 자신이 필요하여 행차를 하지만 행차 때 부는 나발 덕에 우연히 이익을 얻을 때, 곧 윗사람 덕택에 좋은 일이 생기는 것을 이르는 말입니다. 여기서 '나발喇叭'은 어떤 악기일까요?

나발은 놋쇠로 된 긴 대롱을 입으로 불어 소리를 내는 관악기입니다. 원래 이름은 한자로 '나팔 나喇' 자와 '나팔 팔叭' 자를 쓰기에 나팔이라고 읽어야 하지만 보통은 센소리를 피해 나발이라고 부릅니다. 나발은 지공손가락으로 막는 구멍이 없어 한 음을 길게 부는

나발

256

악기인데 태평소, 나각, 자바라, 징, 북과 함께 대취타_{조선시대 군악대}에 편성되고 일부 지역에서는 풍물굿에도 쓰입니다.

한자로 '소라 나_螺' 장에 '터럭 발_髮' 자를 쓰는 또 다른 나발도 있긴 합니다. 이는 불상_{佛像} 가운데 여래상_{如來像(진리의 세계에서 중생 구제를 위해 이 세상에 왔다는 부처)}의 소라 모양으로 된 머리카락을 말하지요. 강원 동해시 삼화사에 있는 보물 제1292호 철조노사나불좌상의 머리가 바로 그런 모습입니다.

김매기와 서도소리극
항두계놀이

일천 가지 뻗은 논에 삼천 석이 될 듯하다

우리 집 논은 네 귀 잽이 너의 집 논은 샘 뱀이 전답

장구 뱀이 얼뜬 매고 물 논뱀이로 들어갑세

일낙서산 해 떨어진다 월출동령 달 솟아 온다

얼른 매자 빨리 매자 항두김매기가 이거란다

에헤야 에헤야 에에에헤야 에헤로다 호무로다(후렴)

항두계놀이의 한 장면

작물의 생장에 방해가 되는 잡초를 뽑는 일인 김매기는 손이 많이 가고 힘든 일입니다. 그래서 위 가사 속에는 해질 때까지 부지런히 일하는 농부들의 모습이 엿보입니다. '항두계놀이'는 서도연희극 보존회가 만들어낸 전통 소리극입니다. 황해도와 평안도를 바탕으로 하는 서도소리는 구성지고 슬프면서도 꿋꿋한 힘이 있는 게 특징이며 깊은 내면으로부터 나오는 울림이 강한 노래입니다.

중요무형문화재 제29호로 지정된 서도소리를 잇는 유지숙 전수조교는 항두계를 바탕으로 한 농민들의 화합을 그린 '평안도 항두계놀이'로 전통 소리극, 곧 토종 뮤지컬을 만들어 무대에 올렸습니다. 시어머니와 며느리가 봄에 좋은 씨앗을 고르는 장면에서 시작해 가을걷이 뒤 기쁨을 나누는 장면까지 농촌의 한 해 삶을 '수심가', '난봉가' 등 서도소리를 중심으로 풀어냈습니다. 거기에 춤과 연희를 곁들인 짜임새 있는 공연으로 우리 소리의 새로운 도전이라는 찬사를 받은 바 있습니다. 이 항두계놀이는 평안도 무형문화재 2호로 지정되었습니다.

한을 해학으로 풀어내는
서도소리

"조개는 잡아서 젓 절이고 가는 님 잡아서 정들이 잔다." 서도민요 가운데 '긴아리'의 한 대목입니다. 서도민요는 평안도와 황해도 지방에서 불리는 민요를 말하는데 위 가사처럼 재미난 것이 많습니다. 많이 불리는 서도민요에는 수심가, 엮음수심가, 배따라기, 영변가, 긴아리, 자진 염불, 긴난봉가, 자진난봉가, 사설난봉가, 사리원난봉가, 몽금포타령 따위가 있지요.

노래는 일정한 장단이 거의 없으며, 간혹 있더라도 사설을 따라서 적당히 쳐주는 불규칙한 장단법입니다. 창법은 콧소리로 얕게 탈탈거리며 떨거나, 큰 소리로 길게 뻗다가 갑자기 속소리로 가만히 떠는 방법 등으로, 애절한 느낌이 들기도 하지만 그 속에는 해학이 그득합니다. 서도연희극보존회회장 유지숙에서는 '평안도 항두계놀이'와 창작 소리극 '채봉전' 같은 토종 뮤지컬을 만들어 큰 인기를 끌고 있습니다.

나를 버리고 가시는 님은 십 리도 못 가서 발병이 나고 이십 리 못 가서 불한당 만나고 삼십 리 못 가서 되돌아오누나. (중략) 앞집 처녀가 시집을 가는데 뒷집의 총각은 목매러 간다. 사람 죽는 건 아깝지 않으나 새끼 서발이 또 난봉 나누나.

'사설난봉가'의 가사입니다. 지금 같으면 바람난 님을 그리 쉽게 놔줄리 없고 심하면 칼부림까지 나는 세상이지만 민요 속에 흐르는 정서는 그저 마음으로 새겨 노래로 풀어낼 뿐입니다. 한바탕 한스런 풀이를 하고 나면 정화되는 민요 한 가락은 메마른 우리 마음을 촉촉하게 해주는 청량제가 되지 않을까요?

아름답고 슬기로운 옛이야기

조선 철학 편

길이 날릴 명성

선비의 기개 맑고

그 선비의 기개

맑고 맑아 만고에 빛나리니

화살을 맞으면서도
임금에게 간한 김처선

"늙은 몸이 역대 네 임금을 섬겼고, 경서經書와 사서史書에 대강 통하지만, 고금에 상감마마와 같으신 분은 없었사옵니다." 정이품의 노 환관 김처선은 목숨을 걸고 임금에게 아룁니다. 이에 분노가 폭발한 연산군은 활시위를 당겨 김처선의 갈비뼈를 뚫습니다. 하지만 김처선은 아랑곳하지 않고 계속해서 임금에게 간합니다. "조정 대신들도 죽음을 두려워하지 않는데 늙은 내시가 어찌 죽음을 두려워하겠습니까? 다만 상감마마께서 오래도록 임금 노릇을 할 수 없게 될 것이 한스러울 뿐입니다."

그러자 연산군은 화살 하나를 더 쏘고 다리를 부러뜨립니다. 그런 다음 김처선에게 일어서서 걸으라고 명합니다. 이에 김처선은 "상감께서는 다리가 부러져

도 걸어다닐 수 있겠습니까?"라고 말했고 연산군은 김처선의 혀를 잘라버리게 합니다. 이렇듯 살신성인을 보여주는 충신에게 연산군은 온갖 못된 짓을 저질렀 습니다.

그런데 연산군의 김처선에 대한 악행은 여기서 그치지 않습니다. 김처선의 양자 이공신을 죽이고, 그의 집 재산을 몰수하였으며, 칠촌까지 벌을 주고, 그의 부모 무덤을 뭉갠 다음 석물을 없애게 했습니다. 그뿐만 아니라 김처선의 이름 인 처處와 선善 두 글자를 온 나라에서 쓰지 못하도록 했으며, 그의 집을 철거한 뒤 못을 파고 죄명을 새겨 집 가에 묻고 담을 쌓도록 합니다. 지금의 관료와 정치인 도 쉽사리 윗사람에게 간하지 못하는데 임금이 다스리는 시대에 목숨을 걸고 올 바른 소리를 올린 김처선은 정말 대단한 충성과 용기를 지닌 사람이었습니다.

병든 아버지 변을 맛보며
수발을 든 안응일

안응일은 문성공의 11대손으로 어버이를 섬기면서 효성을 다하여, 밤낮 으로 곁에 모시면서 허리띠를 풀지 않았고 부모가 잠든 뒤에 곁에 누웠다. 낚시와 사냥으로 맛있는 반찬을 올리고, 옷과 이불이 더러워지면 손수 세탁하였으며, 아버지가 병들자 변을 맛보아 증세를 징험했다. 상을 당하여서는 몹시 늙고 쇠약한 몸으로 집상執喪(상제 노릇 하는 일)에 예를 다하여 질대絰帶(상복의 띠)를 벗지 않았고, 푸성귀와 과일을 입에 대지 않아 몸이 몹시 여위어 거의 목숨을 잃을 지경에 이르렀다.

위 이야기는 안향의 19대손인 안정구가 쓴 《재향지梓鄕誌》에 나오는 효자 이야기입니다. 또 이 책에서는 전주 사람 이약림이 40년을 한결같이 어버이를 봉양하며 곁에서 조금도 곤궁한 모습이나 근심스러운 기색을 보이지 않았으며, 진주 사람 강흡은 항상 몸으로 어버이의 이부자리를 따뜻하게 하였고, 저녁마다 손수 땔감의 무게를 달아 알맞게 덮혀드렸다는 이야기도 전합니다.

그뿐만 아니라 화천 사람 권윤석은 어머니 안 씨가 100살을 사셨는데 끼니마다 수저를 대신 잡아드렸고, 오물을 손수 치우고 이불을 손수 빨래했으며 상을 당해서는 일흔 살의 나이에도 예를 다하여 상제 노릇을 하느라 거의 목숨을 잃을 지경이었다고 소개하는 글도 있습니다. 옛사람들의 이야기를 들으며 옅어져 가는 효孝 사상을 다시 새겨봅니다.

윤봉길 의사,
높은 기개를 지닌 선비였다

길이 날릴 명성 선비의 기개 맑고

그 선비의 기개 맑고 맑아 만고에 빛나리니

만고에 빛나는 밝은 마음 모두가 학문 속에 있으니

그 모두가 배움을 행하는 데 있으므로 그 이름 영원하리라

매헌 윤봉길 의사가 열여섯 살 때 지은 '옥련환시玉連環詩'입니다. 윤봉길 의사는 1931년 겨울 대한민국임시정부 한인애국단에 가입한 뒤 1932년 4월 29일 상하이의 홍구공원에서 열린 일왕 생일축하연천장절과 상하이 점령 전승 기념행사가 함께 진행되는 단상에 폭탄을 던짐으로써 일본제국주의에 항거하여 조선인의 기개를 한껏 드높인 분입니다.

이날 의거는 단상에 있던 상하이 파견군총사령관과 일본거류민단장을 죽이고, 제3함대 사령관, 육군 제9사단장 등에게 중상을 입힌 엄청난 거사였지요. 당시 이 소식을 듣고 중국 국민당 총통 장개석은 "중국의 100만 대군도 하지 못한 일을 조선의 한 청년이 했다"라고 높이 평가했으며 이를 계기로 국민당 정부가 대한민국임시정부를 전폭적으로 지원해주기 시작했습니다.

윤봉길 의사 하면 의거만을 기억하는 경우가 많지만 그는 여섯 살 때부터 《천자문》, 《소학》, 《동몽선습》을 익혔으며 열두 살 때부터는 매곡 성주록의 오치서숙烏峙書塾에서 제계적으로 학문을 닦았고, 열여덟 살에는 《오추嗚雛》, 《옥수玉睡》, 《임추壬椎》 같은 시집을 내기도 했지요. 윤봉길 의사가 남긴 시는 "너희도 만일 피가 있고 뼈가 있다면, 반드시 조선을 위해 용감한 투사가 되어라"라고 시작하는 거사 전날 두 아들에게 남긴 시 '강보에 싸인 두 병정에게'를 합쳐 모두 500편에 이르고 있습니다. 독립운동가로만 알려진 윤봉길 의사는 올곧은 기개를 지닌 선비의 삶이 무엇인가를 터득한 시인이기도 했습니다.

골목길을 청소하는 노인 임옹과 그 아내

새벽이면 일어나 골목을 쓸고

낮이 되면 문을 닫는데

행인이 지나가는 긴 골목이 너무나 깨끗하였네

밥상을 들어 눈썹까지 올리는 그 장면을 보지 못했다면

누가 알았으랴?

행랑에도 양홍梁鴻이 있었음을

조선 후기 시인 조수삼이 펴낸 책
《추재집秋齋集》 가운데 '추재기이秋
齋紀異'에 실린 시입니다. 이 시에
나오는 양홍은 후한 때 덕 높은 선
비로 그의 부인이 밥상을 눈썹 위
까지 들어올려 바쳤다고 합니다.

한양 조동棗洞(현재 을지로 2가와 장교동

사이) 안 씨 집 행랑에 품팔이하는

여인이 있었습니다. 남편은 늙은이였는데, 닭이 울면 일어나 문 앞 골목은 물론
멀리 이웃 골목까지 깨끗하게 쓸었습니다. 그리고는 문을 닫고 혼자 앉아 있으
므로 집주인조차 얼굴을 보지 못하였지요.

하루는 집주인이 우연히 그 여인이 남편에게 밥상을 올리는 장면을 보았는
데, 밥상을 남편 눈썹에까지 올려 마치 큰 손님을 모시듯 공경하였습니다. 그걸
본 집주인은 아마도 남편이 덕이 높은 선비라고 생각하여 예를 갖추어 만나려고
하였지요. 그러나 노인은 사양하며, "천한 것이 주인에게 예를 받을 수는 없습니
다. 이는 잘못된 일이므로 제가 떠나야 하겠습니다"라고 말하고 어디론가 떠나

《추재집》

버렸지요. 조수삼은 이런 기인을 책에 소개하면서 세상에는 명예도 부귀도 없으
나 빼어난 덕망과 인품을 지닌 인재가 숨어 있음을 말하고 있습니다. 추재기이
에는 양반이나 선비가 아닌 이런 기인이 71명이나 소개되어 있습니다.

쇄소응대,
모든 공부의 시작이다

선비들은 책을 읽고 공부하는 것을 삶에서 가장 중요한 일로 여겼습니다. 그러
면 선비들은 공부할 때 어떤 자세를 가졌을까요? 우암 송시열은 궤좌공부 跪坐工夫
와 과언공부 寡言工夫를 했다고 합니다. 궤좌공부는 꿇어앉아서 하는 공부로 정신을
해이하게 하지 않고 마음을 가다듬는 것이며, 과언공부는 말을 적게 하는 공부로
분명하게 그 뜻을 알게 되기 전까지는 함부로 입을 열지 않는 것입니다. 그리고
임상덕이라는 선비는 끊임없이 자신을 돌이켜보고 반성하는 자세를 잃지 않는
다는 수묵공부 守默工夫를 했다고 합니다.

　하지만 그런 여러 가지 공부에 가장 앞서는 것은 쇄소응대 灑掃應對입니다. 아침
에 잠자리에서 일어나면 이부자리를 개고 물을 뿌리며 마당을 씁니다. 그리고

쇄소응대(灑掃應對)
4345/2012 금 〇

© 삽화 이주현

집안의 어른이 부르면 얼른 일손을 놓고 달려가 공손히 말씀을 기다립니다. 이것은 아무리 훌륭한 공부라 할지라도 인간이 가져야 할 가장 기본적인 자세부터 배워야 함을 강조하는 것으로 성리학 공부만이 전부가 아님을 역설적으로 말해 주는 것이지요.

　남명 조식은 퇴계 이황에게 보낸 편지에서 이 쇄소응대를 말했습니다. "물 뿌리고 비질하는 법도 모르면서 입으로는 천하의 이치를 말하고 헛된 명성을 훔쳐서 세상을 속인다"라고 말이죠. 또 부처는 제자 가운데 가장 머리가 둔한 주리반특가에게 "먼지를 털고 때를 닦으라"라며 빗자루를 주면서 비질만 잘해도 깨달음을 얻는다고 했다지요. 공부란 수학 공식과 난해한 영어 소설을 이해하는 것보다 비질이 먼저인 것입니다.

목멱골의 최고 독서광
이덕무

《사소절》

"목멱산木覓山(남산) 아래 치인痴人(바보)이 있다"로 시작하는 책《간서치전看書痴傳》을 아십니까? 이 책은 조선 후기 학자 이덕무가 쓴 것입니다. 이덕무는 선비의 윤리와 행실을 밝힌《사소절士小節》은 물론 《청장관전서靑莊館全書》 71권 33책 외에 많은 책을 펴낸 학자로 유명합니다. 그는《간서치전》에서 목멱산 아래 치인이 있다고 하여 자신을 독서에 미친 마니아, 곧 독서광讀書狂이라고 표현합니다.

이덕무는《간서치전》에서 "그의 전기를 쓰는 사람이 없어서 붓을 들어 이 책을 썼는데 그의 이름은 기록하지 않는다"라고 했지만 실제로는 자신의 얘기를 쓴 것이라고 하지요. 이덕무는 "오직 책 보는 즐거움에 추위와 더위, 배고픔도 전혀 알지 못했다"라고 쓸 정도로 책에 빠져 살았습니다. 역시 이 책에서 그는 "집안사람들은 그의 웃음을 보면 그가 기서奇書를 구한 줄 알았다"라고 할 정도로 엄청난 독서가였으며 책을 읽다 며칠씩 굶기도 예사였습니다.

중국의 시성詩聖 두보가 뛰어난 문장가이면서도 평생 가난하게 살았던 것처럼 이덕무는 임금의 먼 친족이면서도 아버지가 서자庶子 출신이었기에 참 가난하게 살았습니다. 하지만 그는 포기하지 않고 늘 소매 속에 책과 필묵을 넣어 다니면서 보고 듣고 생각나는 것을 그때그때 적어두었다가 책을 쓸 때 참고하였는데 특히 시문에 능해 규장각 경시대회에서 여러 번 장원을 차지할 정도였습니다. 이덕무는 이렇게 책을 좋아했기에 훗날 정조가 규장각 초대 검서관에 특채하기도 했지요.

미친 어머니를 낫게 한
효자 박기

박기朴琦는 영산靈山 사람인데, 그 어미 공 씨孔氏가 광질狂疾(미친 병)에 걸려 거의 죽게 된 지가 9년이 되었는데 온갖 약을 써도 효과가 없으므로, 스스로 왼쪽 무릎 위의 살을 베어 화갱 和羹(여러 가지 양념을 하고 간을 맞춘 국)을 만들어 바쳐 어미의 목숨을 잇게 함으로써 오늘에 이르도록 건강하게 잘 살고 있다고 한다.

《성종실록》 21년1490년 6월 20일자에 나오는 기록으로 상상을 초월하는 효자 이야기입니다. 그런가 하면 1921년대 《동아일보》에는 "세상에 드문 효부, 무명지를 끊어서 시모 목숨을 구해(1921년 8월 17일자)", "편모를 위하여 열두 살 먹은 어린아이가 손가락 잘라(1924년 1월 5일자)", "정평군 효부, 살을 베어 병 걸린 시모에게 먹였다고(1924년 11월 12일자)", "근래에 드문 효부 시아버지의 부스럼을 입으로 빨아 근치1926년 2월 6일자" 같은 기사를 찾아볼 수 있습니다.

예전에는 이렇게 효자 이야기가 자주 나왔지만 요즘은 세상이 흉흉해서인지 효자보다는 패륜아 이야기가 자주 눈에 띕니다. 부모에게 잘해야 자신도 자식들에게 효도 받을 수 있음을 잊은 모양입니다. 위 이야기처럼 부모를 위해 살을 베어 국을 만들어 바치거나 시아버지의 부스럼을 입으로 빨았을 효자, 효녀들을 더는 보기 어려운 시대인 듯합니다.

술을 적당히 마시는
충녕으로 세자를 정하겠다

중국의 사신을 대하여 주인으로서 한 모금도 능히 마실 수 없다면 어찌 손님을 권하여서 그 마음을 즐겁게 할 수 있겠느냐? 충녕은 비록 술을 잘 마시지 못하나, 적당히 마시고 그친다. 또 그 아들 가운데 장대壯大한 놈이 있다. 효령대군은 한 모금도 마시지 못하니, 이것도 또한 불가不可하다. 충녕대군이 대위大位(매우 높은 관직)를 맡을 만하니, 나는 충녕으로서 세자를 정하겠다.

《태종실록》 18년1418년 6월 3일자 기록입니다. 태종이 말하길 "충녕대군세종은 술을 마시되 적당히 마시고 그친다"라면서 그 때문에 세자로 정한다고 말합니다. 태종은 술을 마시지 못하는 것도 문제이지만 지나쳐서도 안 된다는 적중이지適中而止를 강조하고 있지요.

또 세종은 어전회의에서 신하들에게 이야기하도록 한 다음 끼어들고 싶은 유혹을 참고 기다렸다가 신하들이 충분히 얘기하면 그 가운데 가장 좋은 의견이다 싶은 말에 힘을 실어줍니다. 세종은 이렇게 술만이 아닌 매사에 적중이지를 실천하는 임금이었습니다. 이런 적중이지는 중용中庸과 통하는 말로 세상 모든 일에 적용할 수 있는 것 아닐까요? 적당할 때 그칠 줄 아는 지혜가 필요합니다.

검소한 음식도 과분하다고
횟수와 양을 줄인 한계희

성종 때 세도가 한명회의 육촌형이며 조선 전기 문신인 한계희는 그 누구보다도 청렴한 선비였습니다. 대대로 덕을 쌓았고 얼마든지 부유하게 지낼 수 있었지만 나라에서 받는 봉록을 친척 가운데 부모 없는 사람이나 홀어미가 된 사람에게 나누어 주고 근근이 살았지요. 또 집안이 가난하여 아침저녁을 나물에다 검소한 음식으로 지냈는데 그도 과분하다 하여 양과 횟수를 줄였습니다.

어느 날 한명회의 집에서 문중 모임을 할 때 한계희의 가난함에 이야기가 미치자 모두 공론 끝에 동대문 밖 고암鼓岩 밑에 있는 논 열 섬지기를 주기로 했지요. 이에 한계희가 사양하자 한명회와 이를 주선한 사람들이 소리를 모아 호소하며 자리를 뜨지 않음에 어쩔 수 없이 논을 받았습니다. 대신 한계희는 그 논에서 거둔 곡식을 절대 집 담 안에 들어오지 못하게 하고 고암 둘레에 사는 어려운 집, 가장이 병든 집에 골고루 나눠 주었지요. 이를 기리는 뜻에서 고암이란 이름에서 '고' 자를 '편안할 안安' 자로 바꿔 안암安岩이라 부르게 되었습니다.

참고로 조선 전기 문신 김정국이 말한 청빈관을 들어보면 "없을 수 없는 것은 오직 책 한 시렁, 거문고 한 벌, 벗 한 사람, 신 한 켤레, 잠을 청할 베개 하나, 환기할 창 하나, 햇볕 쬐일 마루 하나, 차 다릴 화로 하나, 늙은 몸 부축할 지팡이 하나, 봄 경치를 찾아다닐 만한 나귀 한 마리면 족하다"라고 했습니다. 끝없는 욕심에 패가망신하는 사람이 많은데 조선시대 선비들의 청빈함을 따라 소박하게 사는 사람들이 늘어나길 고대합니다.

장원급제를 버린 올곧은 선비
매천 황현

백발이 성한 나이에 난리 속을 만나니 亂離袞到白頭年

이 목숨 끊을까 하였지만 그리하지 못하였네 幾合損生却未然

오늘에는 더 이상을 어찌할 수 없게 되었으니 今日眞成無可奈

바람에 날리는 촛불만이 푸른 하늘에 비치도다 輝輝風燭照蒼天

조선 후기의 우국지사 매천 황현이 목숨을 끊기에 앞서 지은 시 4수 가운데 하나입니다. 매천은 일제에 나라가 짓밟히는 꼴을 보고 여러 차례 목숨을 끊으려 하다가 한일강제병합이 되자 목숨을 끊는 시절명시를 남기고 자결하였습니다. 그는 1864년고종 1년 흥선대원군이 권력을 잡은 때부터 1910년순종 4년 일본에 나라를 빼앗긴 때까지 47년 동안을 《매천야록梅泉野錄》에 생생히 기록해두었지요.

매천도서관 앞의 매천시비

매천은 28세 때 과거 시험에 1등으로 합격했으나 시골 출신이라는 까닭으로 2등으로 떠밀리자 벼슬길을 버렸습니다. 5년 뒤 아버지의 권유로 생원시에 응시해 역시 장원으로 합격했지만 어지러운 시국과 썩은 관리들을 보고 관직에 나갈 마음을 접고 전라남도 구례에 내려가 제자 기르기에 온 정성을 쏟게 됩니다.

매천이 태어난 곳은 전남 광양시 봉강면 서석 마을로 이곳에 매천 생가가 있으며, 근처에는 매천역사공원이 만들어져 있습니다. 또 매천이 죽음을 맞은 구례군 광의면 수월리에는 매천 선생을 기리는 사당 매천사전남 문화재자료 제37호가 있으며, 구례군 구례읍 봉북리에는 매천을 기리는 매천도서관을 세워 그곳에서 공부하는 학생들로 하여금 나라 정신을 새기게 하고 있습니다.

머리카락을 잘라 내조한 시인
삼의당 김 씨

달 하나가 두 곳을 비추는데
두 사람은 천 리를 떨어져 있네
원컨대 이 달 그림자 따라
밤마다 임의 곁을 비추었으면

위 노래는 삼의당 김 씨가 지은 '가을 달밤秋夜月'이라는 시입니다. 남편을 과거 시험장에 보내고 그리워하며 지은 시이지요. 진안 마이산 탑사로 오르는 길목에는 삼의당 김 씨와 남편 하립을 기념하는 큼지막한 부부 시비詩碑가 서 있습니다.

삼의당 김 씨는 1769년영조 45년 10월 13일 전라북도 남원 누봉방樓鳳坊에서 태어나 같은 마을에 살던 담락당湛樂堂 하립과 열여덟 살에 혼인합니다. 이들 부부는 나이는 물론 생일과 태어난 시도 같아 하늘이 점지해준 배필이라는 말을 들었는데 혼인 첫날밤 칠언절구 사랑의 시를 주고받을 정도로 부부

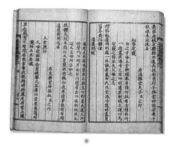

《삼의당고》

금실이 아주 좋았지요. 또 이 부부는 중년 무렵 선영先塋을 지키려고 진안 마령면 방화리로 이사하여 이 마을에서 시문을 쓰면서 일생을 마칩니다.

삼의당 김 씨는 집안 형편이 어려워지자 자신의 머리카락을 잘라 팔고 비녀도 팔면서 남편이 과거 시험에 전념하게 했으나 남편은 끝내 등과하지 못합니다. 하지만 그는 평생 남편을 원망하지 않고 학문에 힘쓰도록 권했으며 본인 스스로 시문에 힘써 유고집인 《삼의당고三宜堂稿》 두 권을 남기는데 여기에는 시 99편과 산문 19편이 수록되어 있습니다. 삼의당 김 씨는 조선 중기의 시인이자 이율곡의 어머니인 신사임당, 남편의 학문적 자세를 격려하고 용기를 주던 강정일당과 함께 시문학에 빼어나면서도 가문의 발전을 위해 헌신한 여성으로 기억되고 있습니다.

절해고도 유배지에서
사랑하는 딸에게 쓰는 편지

원교체圖㴬㴬라는 특유한 필체를 만들어 후대에 많은 영향을 끼친 조선 후기의 서예가이자 양명학자인 이광사는 쉰 살 되던 해 역모 사건에 연루되어 함경도 부령 땅으로 유배를 갔습니다. 그는 이후 23년 동안 부령과 전라남도 신지도에서 유배를 살다가 삶을 마쳤는데 늘그막에 낳은 어린 딸과 많은 한글 편지를 주고받았지요.

이광사

이광사는 어린 딸에게 그저 사랑한다는 말만 하지 않았습니다. 자신은 유배를 떠나고 아내는 유언을 남긴 채 목을 매 죽었기에 부모가 곁에 없는 딸에게 이광사는 사랑을 담아 편지로 가르침을 주었지요.

> 날마다 일찍 일어나 이부자리를 네 손으로 개어 깨끗한 곳에 두어라. 이어 비를 가지고 자리를 깨끗하게 쓸고 머리는 얼레빗으로 빗고, 빗을 빗통에 넣어두어라. 이따금 거울을 보며 눈썹과 살쩍, 관자놀이와 귀 사이

에 난 머리털을 족집게로 뽑고 빗에 묻은 때를 씻어 깨끗하게 해라. 세
수하고 양치하며 다시 이마와 살쩍을 빗질로 매만지고, 빗통을 정리하
고 세수한 수선은 늘 제자리에 두어라. 무릎을 꿇고 앉아 한글 한 번 읽
고 한자 몇 자를 단계에 따라 읽어라.

이광사는 어린 딸에게 하루 일과를 옆에서 가르치는 것처럼 하나하나 적어
아버지 마음을 담아 보내고 있습니다. 어린 딸에 대한 절절한 그리움은 감춘 채,
그 정성과 마음 씀씀이를 편지에 진하게 드러냈지요. 그의 편지 행간에 인간적
이며, 딸에 대한 애틋한 사랑이 뚝뚝 묻어납니다.

매화 향이 사라질까 봐 두려워
밤새 지켜보았다네

동쪽 누각의 매화를 찾아가는 길 東閣尋梅逕
차가운 향기 이는 곳 외로워라 寒香生處孤
두어 가지 성긴 그림자 쓸쓸하고 數枝影苦

늙은 나무는 반쯤 말라 있네 老樹半身枯

아름다운 이에게 주고 싶지만 欲爲美人贈

맑은 이 밤에 사라져 버릴 것 같아 其如淸夜

깊이 읊조리며 우두커니 서 있노라니 沈吟佇立久

조각달이 성 모퉁이로 숨네 片月隱城隅

조선 선조 때 시인 손곡 이달이 지은 문집 《손곡집蓀谷集》에 있는 '동각심매東閣尋梅'
라는 시입니다. 시인은 매화를 찾아 나섰고 그곳에서 만난 차가운 매화 향을 아름다운 사람에게 주고 싶지만 밤사이 사라져버릴 듯하여 그냥 우두커니 서 있다는 아름다운 시지요. 이 매화 향이 400여 년이나 지난 지금까지 진동하는 듯합니다.

옛 선비들은 보통 문무를 겸비했기에 군사를 다스리는 장군들도 시를 지을 줄 알았습니다. 을지문덕 장군의 '유수장우중문遺隋將于仲文'과 이순신 장군의 '한산도가閑山島歌'가 대표적입니다. 그리고 조선시대 선비들은 꽃 피는 봄날이나 단풍이 아름다운 가을에는 으레 산에 올라 시회를 가졌습니다. 이처럼 옛사람들은 시를 주고받으며 인생과 자연을 노래했지만 현대인은 시를 짓지도 읽지도 않습니다. 그러니 시인들이 자신의 돈으로 시집을 만들어내고 있지만 이마저 시간이 흐르면 시집 한 권 구경하기 어려울 것 같습니다. 옛사람들처럼 지금도 시를 읽는 마음이 필요하지 않을까요?

수양부모, 남의 부모도
내 부모처럼 모시는 일

수양부모를 사전에서 찾아보면 "수양아버지와 수양어머니를 아울러 이르는 말. 자식을 낳지 않았으나 데려다 길러준 부모를 이른다"라고 풀이합니다. 예부터 우리나라에는 자식이 없으면 남의 자식을 친자식처럼 받아들이는 수양부모 풍습이 있었습니다.

《태종실록》 25권, 13년1413년 4월 24일자 기록에 보면 군사의 수양부모에 대한 상례 규정收養父母喪制을 정하는 이야기가 나옵니다. 병조 참의 김자지가 "세 살 이전의 수양은 곧 자기 아들과 같이한다 하였으니 이를 보면 그 말을 따라야 마땅하나, 군관들에게는 안 될 듯하니 어떻게 처리함이 옳겠습니까?"라고 태종께 아룁니다. 이는 국방의 의무 중에 수양부모의 상을 당하면 어찌하느냐는 질문입니다. 이에 임금이 말합니다. "비록 군사라 하더라도 수양부모에게 1일의 상喪 밖에 할 수 없다면 특히 수양한 뜻과 맞지 않으니, 마땅히 날짜로써 달을 대신하는 법 역원지법(易月之法)을 따라서 상제를 정하라"라고 말입니다.

수양부모를 삼고 나면 아이의 친부모는 그 수양부모에게 선물을 하며, 수양부모도 아이에게 선물을 합니다. 그렇게 인연을 맺으면 두 집안은 서로 왕래하며 실제 친부모같이 지냅니다. 그리고 수양부모가 돌아가시면 수양아들은 친아들과 마찬가지로 상복을 입지요. 친부모도 모시지 않으려고 하는 요즘의 세태를 보면 남의 부모까지 섬겼던 옛날이 부럽습니다.

스무 번이나 벼슬을 마다한
윤증

삶에서 처음과 끝이 일치하기란 참 어렵습니다. 그런 점에서 일관된 삶을 살았다는 것은 크게 존경받아 마땅한 일입니다. 그런 사람의 하나가 바로 '백의정승'이라 불리는 조선 중기 사람 윤증이지요.

그는 일생 동안 벼슬을 하지 않았습니다. 나라에서 스무 번이나 벼슬을 내려주려 했지만 여든여섯 살로 세상을 뜰 때까지 결코 벼슬자리에 나가지 않았습니다. 특히 서른여섯 살에 공좌좌랑 자리를 마다했으며, 마흔 살에 전라도사, 쉰일곱 살에 이조참판, 예순여덟 살에 공조판서, 여든한 살에 우의정 자리를 주려 했지만 그는 전혀 벼슬자리를 탐내지 않았지요. 더구나 우의정 자리를 사양하는 상소를 열여덟 번이나 올리는 등 그의 말년은 벼슬과의 싸움이었다고 해도 지나친 말이 아닙니다. 이러한 그를 보고 사람들은 "백의정승"이라고 불렀습니다.

물론 그는 벼슬에 혐오감을 가진 은둔거사는 아니었습니다. 다만 당시 당쟁으로 날이 새던 조정에 나아가도 할 일이 없다고 판단했기 때문입니다. 인조, 효종, 현종, 숙종 네 임금을 섬겼지만 임금 얼굴을 한 번도 보지 않고 정승 반열에 오른 유일한 사람입니다. 지금도 벼슬 하나 하려고 온갖 추한 짓을 하는 사람이 있는데 일생 동안 벼슬자리를 탐하지 않고 살다간 윤증은 대단한 사람이었습니다.

추사는 유배지에서
인생을 긍정하는 법을 배웠다

추사 김정희는 우리나라 최고 명필로 꼽힙니다. 하지만 명필은 거저 되는 것이 아니지요. 병조·형조참판을 지낸 추사는 쉰네 살에 동지부사多至副使가 되어 연경燕京(지금의 북경)으로 떠나기 직전, 10여 년 전 일어났던 '윤상도 옥사 사건'이 다시 불거져 제주도로 유배를 가야 했지요. 좁은 방 안에 거미와 지네가 기어 다니는 험난한 유배지 생활은 귀하게 자란 양반인 추사에겐 견디기 어려운 일일 수밖에요. 콧속에 난 혹 때문

추사 김정희

에 숨 쉬는 것도 고통스러웠으며, 엎친 데 덮친 격으로 혀에 난 종기 때문에 침을 삼키는 것조차 힘든 날, 아내가 세상을 떠났다는 편지를 받아야 했습니다.

이런 삶 속에서도 그는 삼국시대부터 내려오는 한국의 서법을 연구했으며 한국 비문과 중국 비문의 필체를 연구했지요. 화가 날 때에도 붓을 들었고 외로울

때에도 붓을 들었으며 슬프고 지치고 서러움이 복받칠 때도 붓을 들었습니다. 어쩌다 한 번씩 반가운 소식이 올 때도 지체하지 않고 붓을 들었다고 합니다.

그러면서 그는 비로소 인생을 긍정하는 법을 배웠습니다. 거부할 수 없는 운명이 자신에게 엄습해오면 몸부림치지 않고 받아들인 것입니다. 그 고통의 시간을 곰삭혀 글씨에 쏟아부으며 포기하고 싶은 세월을 붓질로 버텨나갔던 거지요. 미술사학자 조정육 선생은 이렇게 말합니다. "그 세월 속에서 부서질지언정 휘지 않는, 탱자나무보다 단단하고 꼿꼿한 글씨가 탄생했다. 자신의 날카로움을 더 날카롭게 갈고 닦아 한라산 고목처럼 뼈대만 남게 만든 글씨. 죽었으되 죽지 않고 물기만을 빼버린 채 천 년을 버티고 선 주목 나무 같은 글씨. 그것이 유배지에서 탄생한 김정희의 추사체였다."

남김의 아름다움을 실천하고 떠난
추사 김정희

기교를 다 하지 않고 남김을 두어 자연으로 돌아가게 하고 留不盡之巧以還造化

녹봉을 다 하지 않고 남김을 두어 조정으로 돌아가게 하고 留不盡之祿以還朝廷

재물을 다 하지 않고 남김을 두어 백성에게 돌아가게 하고 留不盡之財以還百姓

내 복을 다 하지 않고 남김을 두어 자손에게 돌아가게 한다 留不盡之福以還子孫

추사 김정희가 제자인 남병길에게 써준 '유재留齋'라는 편액 글입니다. 유재는 남
병길의 호입니다. 이 현판은 예서체로 글씨와 내용 풀이가 아름다워 모각본模刻本
(조각 작품을 그대로 본떠 새긴 작품)이 여럿 있다고 하지요. 남병길은 훗날 벼슬이 이조참판
에 이르렀습니다. 특히 그는 추사가 세상을 떠나자 선생의 유고를 모아《완당척
독阮堂尺牘》과《담연재시고覃揅齋詩藁》를 펴내 오늘날 완당선생 전집이 나올 수 있는
바탕을 만들었습니다.

    제주도 유배 당시 만든 이 현판은 뭍으로 가져가는 도중 바다에 떨어져 일본
으로 떠내려갔는데 뒤에 다른 제자인 소치 허련이 찾아왔다는 이야기가 전합니
다. 세상 사람들은 욕심에 눈이 어두워 온갖 무리한 일을 저지릅니다. 하지만 추
사는 조용히 타이릅니다. 남김을 두는 것이 세상을 올바로 사는 것이라고 말입
니다. 추사가 전하는 남김의 철학 곰곰이 새겨보아야 하겠습니다.

김정희의 '유재' 현판

화로를 손님 가까이 옮겨주던
따뜻한 마음

고만고만한 아이들 / 화롯가에 모여 / 부엌 나간 할머니 기다리네
찬바람 묻어 온 날감자 / 장밋빛 불꽃 먹고 / 익어 가는 밤
곰방대 길게 늘어뜨린 / 주름진 손마디로 / 잘 익은 놈 골라
호호 불어 손자 입에 넣어주던 할머니

위는 이고야 시인의 '화롯가 풍경'입니다. 깊어가는 겨울밤 화로에서 밤이나 감자를 굽던 기억이 아련합니다. 오지, 무쇠, 놋쇠, 곱돌 따위로 만들었으며 형태도 다양했던 화로는 예전 우리 겨레의 훌륭한 난방 기구였지요. 화로는 난방용으로 쓰던 것 말고 평상시에는 음식을 데우거나 끓이는 용도와 아궁이에 불을 지필 때 사용하는 불씨를 보관하는 용도로도 쓰였습니다. 또 옷을 지을 때 마무리에 쓰이는 인두를 꽂아 쓰기도 했고요.

화로는 상하 계층, 빈부 차이를 가리지 않고 두루 쓰이던 살림살이 가운데 하나로 옛날에는 불씨가 집안의 재산 운을 좌우한다고 믿어 살림을 맡아 하는 여인네들이 불씨를 보존하는 데 정성을 쏟았습니다. 어떤 곳에서는 보온력이 강한 은행나무나 목화 태운 재로 불씨 화로를 따로 만들 정도였으며 집에 따라서는 불

화로

씨가 담긴 화로를 시어머니가 며느리에게 물려주기도 하였지요. 종가에서 분가
할 때에는 그 집의 맏아들이 이사하는 새집에 불씨 화로를 들고 먼저 들어가는
관습이 있었습니다.

　날씨가 추울수록 화로의 진가가 빛이 나는데 옛사람들은 손님을 맞을 때 화
로를 손님 가까이 옮겨주어 따뜻한 정을 나타냈지요. 추운 겨울 옛사람들이 따
뜻한 마음을 표하던 화로가 그리워집니다.

자리에 연연하지 않던
조선의 재상들

제가 벼슬자리에 있어서 잘못된 것은 비단 신의 집 명예에 아름답지 못
할 뿐 아니라, 선비의 기풍에 흠이 되게 한 것이니, 신이 무슨 마음으로
감히 벼슬을 생각하여 만인이 함께 바라보는 영상의 지위에 뻔뻔스러운
얼굴로 있겠나이까. 저를 파면하시어, 문을 닫고 죽음을 기다림으로써
물의를 일으킴에 사과하는 것이 신하의 직분이라 생각하옵니다.

세종 22년1440년 12월 21일 영의정 황희가 자기 아들이 도둑질한 것이 드러난 데
대해 스스로 파면을 원하는 상소를 올린 내용입니다. 황희 정승의 아들 황중생
은 내탕內帑(임금의 재물을 넣어두는 창고)의 금 술잔과 광평대군의 금으로 된 띠 그리고 동
궁이 쓰던 이엄耳掩(모피로 된 방한모)을 훔쳤다 발각된 것입니다. 이에 황희가 부끄러워
하며, 만인지상 영의정 자리에서 내쳐주기를 바란 거지요.

　그런가 하면 세종 7년1425년 6월 24일에는 영돈녕 유정현이 늙어서 나랏일을
제대로 하지 못한다며 사직하고자 청했습니다. 또 세종 20년1438년 12월 25일에는
평안도 도절제사都節制使 이천이 늙은 어머니의 봉양을 들어 사직을 청하고 있습니
다. 그러나 임금은 대부분 이를 받아들이지 않았지요. 한 번 자리에 앉으면 두고

두고 자리를 차지하려는 요즈음 정서로는 이해하기 힘든 처사이지만 자리에 연연하기보다는 물러서고 나아감을 스스로 엄격히 지키려 한 당시의 모습이 인상적입니다.

자살하는 백성이 나오지 않게 하라

태풍이나 큰비는 물론 큰 화재가 났을 때 조정에서는 백성에게 휼전恤典(이재민 등을 구제하기 위해 내리는 특전)을 내립니다. 《순조실록》 6권1804년 3월 4일자에 보면 "한성부漢城府에서 '마포麻浦 옹리甕里 등의 민가民家 326호가 불탔다' 라고 아뢰니, 특별히 따로 휼전을 거행해주라 명하고, 선전관宣傳官을 보내 적간摘奸하게 하였다" 라는 조치가 따릅니다. 부족한 식량을 주고 노역을 면해주며 세금을 감해주고 관리가 가서 위로해주라고 명한 것으로 백성을 사랑하는 마음이 없으면 행하기 어려운 일일 것입니다.

《영조실록》 30권1731년 12월 13일자 기록에 "고양에서 북한산성의 적곡糴穀을 먹은 이가 독촉에 몰려 자살하자 휼전을 베풀다" 라는 글이 있습니다. 그 내용은 고양에 사는 한 백성이 북한산성에 쌓아둔 정부의 곡식을 빌려 먹었는데, 현관縣

臣의 독촉에 몰려 결국은 스스로 목매달아 죽는 데 따른 것입니다. 이 일이 알려지자 영조가 휼전을 베풀라고 명한 것입니다.

그러면서 임금은 "죽은 뒤에 휼전을 베푸는 것은 애당초 죽음이 없도록 하는 것만 같지 못하다. 여러 도道에 단단히 타일러서 경계하여 적곡을 받아들임에 있어 너무 독촉을 하지 말도록 해 백성의 힘을 펴주게 하라"라고 했습니다. 일이 터졌을 때는 물론 일이 터지기 전에도 미리 어려운 점은 없나를 살피고자 했던 임금의 따스한 마음이 돋보입니다.

동갑내기 송강 정철과
율곡의 우정

유유상종類類相從이라는 말이 있지만 실제 어울리지 않을 것 같은 사람이 찰떡처럼 어울리는 경우도 많습니다. 바로 그 경우를 우리는 송강 정철과 율곡 이이에게서 볼 수 있습니다. 이 두 선비는 1536년 동갑내기이지만 성격은 완전 대조적이었지요. 송강이 직선적이고 다혈적인 반면, 율곡은 차분하고 이성적이었기에 말입니다.

정철(위)과 이이(아래)

특히 《선조수정실록》의 송강에 대한 기록을 보면 "정철은 성품이 편협하고 말이 망령되고 행동이 경망하고 농담과 해학을 좋아했기 때문에 원망을 자초自招하였다. 최영경崔永慶이 옥에 갇혀 있을 적에, 그가 영경과 사이가 좋지 않다는 것은 나라 사람이 다 같이 아는 바이고 그가 이미 국권을 잡고 있었으므로 법을 집행하는 사람들도 모두 정철과 잘 알고 지내는 사이였다. 그런데 마침내 죽게 만들었으니 남의 손을 빌려 했다는 말을 어떻게 면할 수 있겠는가"라고 쓰여 있을 정도입니다.

한번은 율곡이 우계 성혼과 함께 정철의 집안 잔치에 갔는데 잔치에 기생들이 있었습니다. 고지식한 성혼은 정철에게 "저 기생들은 이 자리에 어울리지 않다"라고 지적했지요. 하지만 율곡은 "물들어도 검어지지 않으니 이것도 하나의 도리"라며 정철을 두둔했습니다. 기생들이 있다 해도 추잡해지지 않으면 선비의 본분을 지키는 것에 누가 되지는 않으니 함께 잔치를 축하해주자는 뜻이었지요.

이렇게 율곡은 늘 송강을 껴안았습니다. 송강의 좋은 점과 나쁜 점을 모두 사랑하는 친구였던 거지요. 이렇게 송강을 아껴주던 율곡이 1584년에 먼저 세상을 떠나자 송강은 율곡 같은 친구는 다시 얻을 수 없다며 통곡했다고 합니다. 송강의 허물까지도 껴안았던 율곡의 우정을 새겨보면 좋겠습니다.

아버지의 죽음 직전에
손가락을 잘라 수혈한 소녀

16세 소녀로 부친의 임종에 단지수혈斷指輸血한 일편단심 갸륵한 소녀의 미담이 숨어잇다가 이제야 세상에 알리게 되엇다. 그 소녀는 해남군 현산면 조산리 고 추수협 씨 장녀 추묘례로써 그 부친 추씨가 작년 10월부터 중병에 신음하게 되자 딸 묘례는 불철주야로 간호를 하여오던중 지난 2월에 이르러 병세는 극도로 악화되어 드디어 절명하려는 찰나 양편 손가락을 아낌없이 잘라서 그 부친의 입에다 주입시켰는데 그 보답인지 부친 추씨는 즉시 소생하야 5일간 생명을 유지하다가 마츰내 불귀의 객이 되엇으나 어린 소녀의 단지수혈은 일반에게 감격을 아니 줄 수 없다 한다.

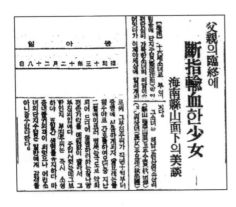

1938년 12월 28일자 《동아일보》 기사

위 내용은 "父親부친의 臨終임종에 斷指輪血단지수혈한 少女소녀 海南縣山面下해남현산면하
의 美談미담"이라는 제목의 1938년 12월 28일자 《동아일보》 기사입니다. 양 손가
락을 잘라 단 닷새 생명을 유지한 건 아쉽지만 아버지를 살리기 위한 어린 소녀
의 살신성인은 참 보기 드문 일입니다.

　요즘은 부모를 돌보지 않는 자식도 많다는데 70여 년 전 열여섯 살 소녀의 갸
륵한 부모 공경을 이 시대에 다시 생각해봐야 할 일입니다. 부모님도 한 번 더 찾
아뵙고, 추위에 떠는 이웃은 없는지 살펴 넉넉한 인심으로 세상살이가 훈훈해지
길 기대해봅니다.

처마 밑에 묻힌 은덩어리를
되묻어버린 까닭

《황성신문》의 주필이었던 장지연은 을사조약을 비판하는 '시일야방성대곡'이라는 사설로 유명하지만 말년엔 친일파로 변절하여 일제를 찬양하는 글을 썼죠. 그가 쓴 책으로《일사유사逸士遺事》가 있는데 조선시대의 중인을 비롯한 하층민의 전기를 모아 엮은 것입니다. 기인奇人, 화가, 문인, 효녀와 같은 다양한 인물을 소개하였는데, 당시의 사회상을 반영하려는 흔적이 엿보입니다.

그 책에 김학성이라는 사람의 어머니에 대한 일화가 실려 있지요. 어머니는 비 오는 어느 날 처마에서 물이 떨어지는 소리가 메아리치는 듯 약간의 울림이 있어 이상하다고 생각하여 처마 밑을 파보았습니다. 거기엔 커다란 가마솥이 묻혀 있었는데 가마솥 안에는 은이 가득 담겨 있었다고 합니다. 난리가 많았던 옛날에는 재물을 은으로 바꿔 땅속에 묻어두는 일이 예삿일이었다지요. 그래서 할 일 없는 사람을 빗대어 "강화 섬에 가서 빈산이나 뒤져라"라는 말까지 생겨났습니다.

어머니는 이를 다시 묻어둔 뒤 그 집을 팔고 이리저리 옮겨 다니다 결국 조그만 오막살이에 정착하는데 남편 제삿날 식구들을 불러놓고 그간의 사정을 말했지요. 그러곤 왜 그랬는지 묻는 식구들에게 어머니는 "재산은 곧 재앙이다. 아무 까닭 없이 재물을 얻으면 반드시 재앙이 있는 법이다"라고 말합니다. 현명한 어머니가 자식들을 위해 공돈을 경계한 것이지요. 요즘은 공돈은 고사하고 남에게 피해를 줘서라도 돈을 벌려는 사람들조차 흔한 세상입니다. 가난한 살림에도 재물의 유혹에 빠지지 않은 어머니의 이야기는 그래서 더욱 값집니다.

청백을 보물로 생각했던
청백리 김계행

> 우리 집에는 보물이 없네 吾家無寶物
>
> 보물이 있다면 오직 청백뿐이네 寶物惟淸白

조선 전기의 문신인 보백당寶白堂 김계행이 만년에 안동 길안 묵계에 만휴정晩休亭을 짓고 걸어 두었던 편액의 글입니다. 그는 죽기 직전 자손들에게 "대대로 청백한 삶을 살고 돈독한 우애와 독실한 효심을 유지하도록 하라. 세상의 헛된 명예를 얻으려 하지 마라"라고 당부했습니다. 열일곱 살에 생원시에 합격하여 성균관에 들어갔으나 과거 급제에 연연하거나 관직에 나가려고 초조해하지 않았던

만휴정

탓에 쉰한 살의 늦은 나이에 과거에 급제했습니다.

이후 사헌부 감찰로 시작하여 홍문관 부제학, 사간원 대사간, 성균관 대사성 들을 지냈는데, 이러한 관직 생활은 무려 17년이라는 긴 세월 동안에 이루어진 것입니다. 그 까닭은 정책의 잘못을 보면 소신과 학문을 바탕으로 조리 있게 비판하고 조금도 시류나 인기에 영합하는 모습을 보이지 않았기 때문이었지요.

외척의 전횡이나 대신의 부정부패, 제도적인 병폐에 대해서는 더욱 단호한 모습을 잊지 않았는데 이러한 성품 때문에 연산군 말년에는 세 차례나 국문을 당하며 삶과 죽음의 갈림길에 서기까지 했습니다. 그의 인격을 흠모하던 사람들이 적극적으로 변호에 나서 겨우 목숨을 구할 정도였지요. 그러나 정작 그는 동료와 죽음을 함께하지 못한 것을 죄스럽다고 했습니다. 이 시대에 김계행이 자꾸 떠오르는 것은 왜일까요.

법도에 어긋나면
자식도 내친 전림

전림은 조선 중기의 무장으로 법도에 추호의 흔들림이 없는 청백리로 한평생을 살다간 공직자입니다. 그에 관한 재미있는 일화가 많이 전해오는데 전림이 한성부 판윤漢城府 判尹으로 있을 때 왕자 회산군의 집 짓는 곳을 지나가다가 짓는 집의 규모가 지나치게 큰 것을 보고 공사 감독을 불러 야단을 칩니다. 뒤에 가서 보니 전림의 말을 듣고 기둥을 자르고 칸 수를 줄인 결과 회산군의 집은 납작하고 홀쭉해져서 그만 '납작집'이라고 불릴 만큼 볼품이 없어졌습니다.

그런가 하면 세조의 공신으로 세도를 누리던 홍윤성이 있었는데 그의 하인들이 그 세도를 믿고 장안에서 횡포를 부린다는 정보를 입수한 전림은 나졸들을 매복시켜 그 하인들을 잡아들입니다. 주인의 힘을 믿은 하인들이 "누가 감히 홍 정 승 집 사람들을 잡으려 하느냐"라고 호통을 쳤지만 오히려 전림이 "홍 정승이 너 희에게 범법하라고 명하셨느냐"라는 말을 하는 바람에 홍윤성도 감히 어쩌지 못 했지요.

오히려 홍윤성은 "공과 같은 사회기강을 바로잡는 포도대장이 있기에 사람 들이 마음 놓고 생활할 수 있는 것이 아니겠느냐"라고 칭찬했다고 합니다. 이렇 게 서슬 퍼런 기강을 간직하던 전림은 아들이 횡포를 부리자 죽임으로 죄를 다스 립니다. 지나치긴 하지만 비록 자식일지라도 엄하게 다스리겠다는 전림의 단호 한 의지는 높이 사야만 합니다. 자식의 일이라도 법도에 맞지 않으면 용서치 않 았던 전림은 자식 일로 얼굴을 들고 다니지 못하는 요즈음의 공직자와 견줘볼 때 신선하고 분별력 있는 공직자로 느껴집니다.

몰락한 집안에서
조선 최고의 문인 화가가 된 심사정

겸재 그림은 말년에 더욱 능란해지고 신기해져 현재 심사정과 더불어 이름을 나란히 하며, 세상에서는 겸현謙玄이라고 일컬으나 그 아담한 정취는 현재에 미치지 못한다고도 한다.

조선 후기의 문신 김조순이 겸재 정선의 그림을 평한 《제겸재화첩》에 나오는 내용입니다.

겸재 정선에 비해 현재 심사정을 모르는 사람들이 많습니다. 하지만 심사정은 조선 후기 200년을 대표하는 화가 삼원삼재 가운데 한 사람으로 꼽힐 만큼 뛰어난 화가입니다. 미술사학자 유홍준 교수는 현재를 중국 남종문인화를 완벽하게 소화하여 토착화한 화가로 평하며 그의 그림에 대해서는 관념적 화풍으로 그윽한 멋이 있고 조선 그림이 세계로 나가게 했다고 말합니다.

심사정의 '딱따구리'

심사정은 할아버지 심익창이 영조를 살해하려 한 무리의 배후라는 죄로 극형을 당한 뒤 몰락한 집안에서 일생을 힘들게 보냅니다. 그래서 그림을 그려도 그림에 시 한 수 붙여주는 선비가 없었지요. 심사정은 그렇게 어려운 환경에서도 붓끝에 자신의 모든 것을 실어냅니다. 남들이 겪지 못했던 아픔과 고독을 예술로 승화해서 조선 최고의 문인화가가 된 것이지요.

양천나루 앞 한강 투금탄에 황금 던진 형제

서울시 강서구 가양동에 양천나루가 있었는데 그 양천나루 근처 여울을 예전엔 투금탄投金灘이라 불렀습니다. 그 까닭이 《성산이씨가승星山李氏家乘》이란 책에 적혀 있습니다.

시조로 잘 알려진 고려 말의 이조년과 이억년 형제가 길을 가다 우연히 금덩이를 발견했습니다. 이를 나눠 가지고 배를 타고 건너는데 아우가 문득 금덩이를 물에 던져버렸습니다. 형이 깜짝 놀라 왜 버렸느냐고 물으니 아우가 "제가 어찌 황금 귀한 줄 모르겠습니까? 평소에 우애가 두터웠던 우리 형제가 아닙니까? 한데 황금을 주어 가지니까 '만약 형이 없었더라면 내가 황금 두 덩이를 다 가질 수 있었을 텐데' 하는 나쁜 마음이 들었습니다. 그래서 이 황금이 소중한 우리

우애에 금이 가게 했다고 생각해서 물에 던져버린 것입니다"라고 대답합니다. 그러자 이 말을 들은 형도 자신의 황금을 물에 던졌다고 하지요. 황금만능주의에 빠진 요즘 이 이야기는 참으로 소중한 교훈을 주고 있습니다.

24절기에서 배우는 옛사람의 지혜

24절기와 명절 편

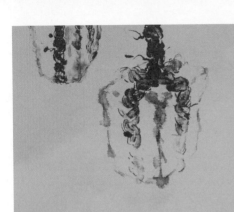

입춘날 절기 좋은 철에

헐벗은 이 웃을 주어 구난공덕 하였는가?

입춘,
문을 열면 온갖 복이 들어오기를

입춘立春은 24절기의 시작으로 봄이 옴을 알리는 절기입니다. 입춘이 되면 대문이나 기둥에 한 해의 행운과 건강을 기원하며 복을 바라는 글귀를 붙이는데 이런 것을 입춘축立春祝이라고 합니다. 입춘날 입춘시에 입춘축을 붙이면 "굿 한 번 하는 것보다 낫다"라고 하며, 전라북도에서는 입춘축 붙이면 "봉사들이 독경하는 것보다 낫다"라고 하여 입춘에는 꼭 하는 세시풍속이었습니다.

입춘축에 주로 쓰이는 글귀는 입춘대길立春大吉 건양다경建陽多慶, 곧 "입춘에는 크게 좋은 일이 생기고, 새해에는 기쁜 일이 많기를 바랍니다"라는 뜻입니다. 또 "산처럼 장수하고, 바다처럼 부유해지기를 바랍니다"라는 뜻의 수여산壽如山 부여해富如海, "땅을 쓸면 황금이 나오고, 문을 열면 온갖 복이 들어오기를 바랍니다"

입춘축을 붙인 한옥 대문

라는 뜻의 '소지황금출掃地黃金出 개문 백복래開門百福來' 같은 것들도 있지요. 전라남도 구례에서는 입춘축을 "잡 귀야 달아나라"라고 써 붙이기도 합 니다. 그런가 하면 한지를 마름모꼴 로 세워 '용龍'자와 '호虎'자를 크게 써서 대문에 붙이기도 하지요.

입춘 세시풍속 가운데는 적선공 덕행積善功德行도 있습니다. 적선공덕행 이란 많은 사람에게 도움이 되는 좋은 일을 꼭 해야 한 해 동안 액厄을 면한다고 믿은 것입니다. 예를 들면 밤중에 몰래 냇물에 징검다리를 놓거나, 거친 길을 곱 게 다듬거나, 다리 밑 거지 움막 앞에 밥 한 솥 지어 갖다 놓는 것들을 말합니다. 그것도 드러내는 것이 아니라 몰래 해야만 합니다. 사람이 죽어서 상여 나갈 때 부르는 상엿소리에 "입춘날 절기 좋은 철에 헐벗은 이 옷을 주어 구난공덕救難功德 하였는가?"라고 묻습니다. 적선공덕행을 하지 않으면 그해의 액은 고사하고 염 라대왕에게 심판을 받는다고까지 생각했던 것입니다. 새롭게 시작하는 24절기 의 첫 번째 날 입춘은 어려운 이웃을 생각하는 아름다운 마음이 담겨 있는 날입 니다.

우수,
봄은 오고 그리움의 홍수도 옵니다

언제부턴가

엄동의 조개골 비집고

실낱같은 물길 열더니만

보세요, 큰일났어요

그 물길 콸콸 그리움 되어

밤마다 내 가슴엔

막막한 홍수

🕊 권경업 '우수'

24절기의 둘째는 우수雨水입니다. 대동강 물도 풀린다는 우수, 분명히 봄은 왔지요. 또 그 봄은 밤마다 콸콸 쏟아지는 그리움의 홍수가 된다네요.

　우수라는 말은 눈이 녹아서 비가 된다는 뜻으로 이제 추운 겨울은 가고 봄을 맞게 되었음을 말해줍니다. "우수 뒤에 얼음같이"라는 속담이 있는데 이때 얼음

이 슬슬 녹아 없어짐을 이르는 뜻으로 때를 잘 표현해주는 속담이지요. 옛사람은 우수 즈음을 5일씩 나누어 첫 닷새는 수달이 물고기를 잡아다 늘어놓고, 다음 닷새 동안은 기러기가 북쪽으로 날아가며, 마지막 닷새는 초목에 싹이 튼다고 하였습니다.

이 무렵 꽃샘추위가 잠시 기승을 부리지만 이제 서서히 춥던 날씨도 누그러져 봄기운이 완연해집니다. 저 멀리 산모퉁이에는 봄바람이 돌아오려나 봅니다. 산 너머 남촌에는 누가 살길래 해마다 봄바람이 남으로 올까요? 대동강 물이 풀리면 봉이 김선달의 대동강 물 팔아먹기도 시작되겠지요.

경칩, 은행 씨앗을 주고받으며
사랑을 싹 틔운 날

24절기의 셋째 절기인 경칩은 일어난다는 '경驚' 자와 겨울잠 자는 벌레라는 뜻의 '칩蟄' 자가 어울린 말로 겨울잠 자는 벌레나 동물이 깨어나 꿈틀거린다는 뜻입니다. 만물이 움트는 이때 옛부터 젊은 남녀가 서로의 사랑을 확인하기 위해 은행 씨앗을 선물로 주고받고 날이 어두워지면 동구 밖에 있는 수나무 암나무를 도는 사랑놀이로 정을 다졌습니다. 그래서 경칩은 토종 '연인의 날' 이라고 할 수 있습니다.

조선시대 왕실에서는 임금이 농사의 본을 보이는 적전籍田을 경칩이 지난 뒤

© 이무성 화백

의 '돼지날'에 선농제先農祭와 함께 하도록 했으며, 경칩 이후에는 갓 나온 벌레 또는 갓 자라는 풀을 상하지 않도록 하기 위하여 불을 놓지 말라는 금령禁令을 내려 자연을 사랑하는 마음을 보이기도 했지요. 《성종실록》에 우수에는 삼밭을 갈고 경칩에는 농기구를 정비하며 춘분에는 올벼를 심는다고 한 데서 알 수 있듯 우수와 경칩은 본격적인 농사를 준비하는 중요한 때입니다.

더러 민간에서는 경칩에 개구리 알이나 도롱뇽 알을 먹으면 몸에 좋다고 하였으나 어린 생명을 그르치는 지나친 몸보신은 삼가해야 할 것입니다. 또 단풍나무나 고로쇠나무에서 나오는 즙을 마시면 위장병이나 성병에 효과가 있다고 해서 먹기도 했습니다. 이날 흙일을 하면 탈이 없고 빈대가 없어진다고 해서 담벽을 바르거나 담장을 쌓았지요. 경칩은 슬슬 다가오는 봄맞이 채비를 해야 할 때입니다.

춘분, 얼음을 꺼내 쓰기 시작하는 때

춘분春分은 24절기의 넷째 절기로 춘분을 즈음하여 농가에서는 농사 준비로 바빠지는데 농사의 시작인 애벌갈이_{논밭을 첫 번째 가는 일}를 엄숙하게 해야만 한 해 동안 걱정 없이 넉넉하게 지낼 수 있다고 믿었습니다. 《고려사》 사한조司寒條에 "고려 의종 때 의식으로 맹동과 입춘에 얼음을 저장하거나 춘분에 얼음을 꺼낼 때 사한단司寒壇에서 제사한다"라는 기록이 있는 것으로 보아 이날부터 얼음을 꺼내 썼던 것 같습니다.

춘분날은 농사가 시작되는 시기로 "하루 밭 갈지 않으면 한 해 내내 배고프다"라고 했습니다. 이때는 겨울철에 얼었다 땅이 풀리면서 연약해진 논두렁과 밭두렁이 무너지는 것을 막으려고 말뚝을 박기도 하고 하늘바라기논_{천수답}처럼 물이 귀한 논에서는 물받이 준비도 했지요.

또 춘분 때 날씨를 보아 그해 농사의 풍흉, 가뭄과 홍수를 점치기도 했습니다. 《증보산림경제》 15권에 보면 옛사람들은 춘분에 비가 오면 병자가 드물다고 하고, 해가 뜰 때 정동正東 쪽에 푸른 구름 기운이 있으면 보리에 적당하여 보리 풍년이 들고, 만약 청명하고 구름이 없으면 만물이 제대로 자라지 못하고 열병이 많다고 믿었지요. 이날 동풍이 불면 보리 풍년이 들며, 서풍이 불면 보리가 귀하며, 남풍이 불면 오월 전에는 물이 많고 오월 뒤에는 가물며, 북풍이 불면 쌀이 귀하다고 생각했습니다. 과학이 발달한 오늘날 시각으로 보면 모두 신기하고 재미나는 이야기지만 예전에는 이런 모든 것을 '진실'로 여길 수밖에 없었을 겁니다.

청명, 나무타령 부르다

청명 한식 나무 심자. 무슨 나무 심을래. 십리 절반 오리나무, 열의 갑절 스무나무, 대낮에도 밤나무, 방귀 뀌어 뽕나무, 오자마자 가래나무, 깔고 앉아 구기자 나무, 거짓 없어 참나무, 그렇다고 치자나무, 칼로 베어 피나무, 네 편 내 편 양편나무, 입 맞추어 쪽나무, 양반골에 상나무, 너하구 나하구 살구나무, 아무 데나 아무 나무…….

이 노래는 우리 겨레가 청명 즈음 불렀던 '나무타령'이라는 민요이지요. 청명淸明은 24절기의 다섯째 절기로 이날부터 날이 풀리기 시작해 화창해지고 하늘이 차츰 맑아진다고 합니다. 청명에는 부지깽이를 꽂아도 싹이 난다는 속담이 있는데 무슨 나무를 심어도 그만큼 잘 자란다는 뜻입니다. 그래서 이날 여자아이를 낳으면 그 아이 시집갈 때 농짝을 만들어줄 재목감으로 나무를 심었는데 이를 '내 나무'라고 부르지요. 또 연정을 품은 아가씨가 있으면 그 아가씨의 '내 나무'에 거름을 주는 것으로 사랑을 드러내기도 했습니다.

청명 무렵에는 논밭의 흙을 고르는 가래질로 한 해의 농사를 시작합니다. 곳에 따라서는 손 없는 날이라고 하여 특별히 택일을 하지 않고도 이날 산소를 돌보거나 묘자리 고치기, 집수리 같은 일을 하지요. 또 이때 장을 담그면 맛이 좋다고 하여서 한 해 동안 먹을 장을 담그기도 하고, 서해에서는 곡우 무렵까지 작지만 연하고 맛이 있는 조기를 잡는 데 분주합니다. 부지런히 논밭을 갈고 난 뒤 마시는 청명주淸明酒도 이때가 제격입니다. 특히 향긋한 봄나물을 안주 삼아 땀 흘린 뒤 논두렁에 걸터앉아 푸른 하늘을 바라다보며 먹는 새참은 청명 때부터 볼 수 있는 정겨운 농촌 풍경이었습니다.

곡우,
봄비가 내려 백곡을 기름지게 하다.

곡우는 24절기의 여섯째로 봄의 마지막 절기입니다. 청명과 입하 사이에 들며 봄비가 내려 온갖 곡식을 기름지게 한다 하여 붙여진 말이지요. 그래서 "곡우에 가물면 땅이 석 자가 마른다"라는 말이 있습니다. 곡우 무렵엔 못자리할 준비로 볍씨를 담그는데 볍씨를 담은 가마니는 솔가지로 덮어둡니다. 예전에는 밖에 나가 부정한 일을 당했거나 부정한 것을 본 사람은 집 앞에 와서 불을 놓아 악귀를 몰아낸 다음에 집 안에 들어오게 하고, 들어와서도 볍씨를 볼 수 없게 하였지요. 만일 부정한 사람이 볍씨를 보게 되면 싹이 트지 않고 농사를 망치게 된다는 믿음

이 있었습니다. 또 이날은 부부가 함께 자는 것을 꺼리는데, 이는 부부가 잠자리를 하면 흙의 신土神이 질투하여 쭉정이 농사를 짓게 한다고 믿기 때문이었습니다.

곡우 무렵엔 나무에 물이 많이 오릅니다. 곡우 물이 많은 나무로는 주로 산다래, 자작나무, 박달나무 같은 나무로 이들 수액은 몸에 좋다고 해서 전라도, 경상도, 강원도에서는 깊은 산속으로 곡우 물을 마시러 가는 풍속이 있지요. 경칩의 고로쇠 물은 여자 물이라 해서 남자에게 좋고, 곡우 물은 남자 물이어서 여자들에게 더 좋다고 합니다.

이때 서해에서는 조기가 많이 잡힙니다. 흑산도 가까운 바다에서 겨울을 보낸 조기는 곡우 때면 북쪽인 충청남도 태안의 격렬비열도쯤에 올라오는데 이때 잡는 조기를 '곡우살이' 라 부릅니다. 곡우살이는 아직 크지는 않았지만 연하고 제법 맛이 있습니다. 이제 완연한 봄인 곡우 때부터 서서히 농사철이 시작되지요. 요즈음은 농사와 상관없이 사는 사람들이 많지만 볍씨를 담그면서 한 해의 풍년을 기원하는 농부의 열정을 헤아려보는 것도 뜻 있는 일일 것입니다.

들깨를 심는 입하, 여름이 시작됩니다

우수에는 삼밭을 갈고, 경칩에는 농기구를 정비하며, 춘분에는 올벼를 심고 청명에는 올기장을 심으며, 곡우에는 호미질하러 나가고 입하立夏에는 들깨를 심으며, 망종에는 모시와 삼을 거두고 하지에는 가을보리를 거두며, 입추에는 메밀을 심고 처서에는 올벼를 수확한다.

위는 《정조실록》 22년1798년 11월 30일자 기록입니다. 입하立夏는 24절기 가운데 일곱째로 여름이 시작되었음을 알리는 절기인데 '보리가 익을 무렵의 서늘한 날씨' 라는 뜻인 맥량麥凉, 맥추麥秋라고도 하며, '초여름' 이란 뜻으로 맹하孟夏, 초하初夏, 괴하槐夏, 유하維夏라고도 부르지요. 이때에는 묘판에서 모가 한창 자라고, 밭의 보리 이삭들이 패기 시작합니다. 집안에서는 부인들이 누에치기에 한창이며, 논밭에는 해충도 많아지고 잡초가 자라서 풀 뽑기에 부산해집니다.

또 입하 때면 한창 찻잎 따기에 일손이 바빠집니다. 일반적으로 녹차는 곡우 전에 따 가공한 우전차를 최상품으로 칩니다. 하지만 차의 성인으로 불리는 초의선사가 "우리 전통차는 곡우 전후보다는 입하 전후가 가장 좋다"고 말한 것처럼 여름차가 더 좋습니다. 녹차는 아주 여린 잎으로 쪄서 만들지만 우리 전통차는 조금은 숙성한 잎으로 덖어서 만들기에 된장찌개와 숭늉처럼 깊고, 구수하며, 담백한 맛을 내는지도 모릅니다.

소만,
봉숭아물 들이고 첫사랑을 기다리는 때

소만小滿은 24절기 가운데 여덟째 절기로 '만滿' 자에는 햇볕이 풍부하고 만물이

봉숭아 꽃잎

점차 자라 가득 찬다는 뜻이 있습니다. 《농가월령가》에 "4월이라 초여름되니 입하, 소만 절기로다" 라고 했지요. 소만 무렵에는 모내기 준비에 바빠집니다. 이른 모내기, 가을보리 먼저 베기, 여러 가지 밭작물 김매기가 줄을 잇습니다. 또 이때는 씀바귀 잎을 뜯어 나물을 해먹고, 냉이 나물은 없어지고 보리 이삭은 익어서 누런색을 띠니 여름의 문턱이 시작되는 계절이지요.

소만 때는 모든 들과 뫼가 푸르른데 대나무는 푸른빛을 잃고 누렇게 변합니다. 이는 새롭게 태어나는 죽순에 영양분을 모두 주었기 때문이지요. 마치 자기 몸을 돌보지 않고 어린 자식을 정성 들여 키우는 어미의 모습을 보는 듯합니다. 그래서 봄철의 누런 대나무를 가리켜 죽추竹秋라고 합니다. 또 이 무렵을 '보릿고개' 라고 하는데 양식이 떨어져 힘겹게 목숨을 지탱하던 때입니다.

입하와 소만 무렵에 행했던 풍속으로는 봉숭아 물들이기가 있는데《동국세시기》에 보면 "계집애들과 어린애들이 봉숭아를 따다가 백반에 섞어 짓찧어서 손톱에 물을 들인다"라는 기록이 있습니다. 봉숭아꽃이 피면 꽃과 잎을 섞어 찧은 다음 백반과 소금을 넣어 이것을 손톱에 얹고 호박잎, 피마자잎 또는 헝겊으로 감아 붉은 물을 들이지요. 이 풍속은 붉은색이 사악함을 물리친다는 데서 유래하였습니다. 첫눈이 내릴 때까지 손톱에 봉숭아물이 남아 있으면 첫사랑을 만나게 된다는 이야기도 있지요. 그밖에 풋보리를 몰래 베어 그슬려 밤이슬을 맞힌 다음 먹으면 병이 없어진다고 여겼습니다. 소만에 손톱에 봉숭아물을 들이고 첫사랑을 기다리는 사람이 있을는지요?

망종,
보릿고개와 보리 방귀 이야기

망종芒種은 24절기의 아홉째로 벼, 보리같이 수염이 있는 까끄라기 곡식의 씨앗을 뿌리기 알맞은 때라는 뜻입니다. 더불어서 모내기와 보리 베기에 알맞은 때이기도 합니다. "보리는 망종 전에 베라"는 말이 있는데 망종까지는 보리를 모두 베어야 빈 논에 벼도 심고 밭갈이도 할 수 있지요. 또 이때는 사마귀나 반딧불이 나타나기 시작하며, 매화가 열매 맺기 시작하는 때입니다.

그런데 보리를 베기 전에는 '보릿고개'라는 것을 지나야 했습니다. 일제강점기인 1931년 6월 7일자 《동아일보》에도 "300여 호 화전민 보리고개를 못 넘어 죽을 지경"이라는 기사가 있었던 것이지요. 또 보릿고개를 한자로 쓴 맥령麥嶺과 그 비슷한 단어들인 춘기春饑, 궁춘窮春, 춘빈春貧, 춘기春机, 춘기근春机饉, 춘궁春窮, 궁절窮節 같은 말들이 《조선왕조실록》에도 자주 나옵니다.

이처럼 예전에는 봄에서 여름으로 넘어가는 망종까지 헐벗고 굶주린 백성이 많았습니다. 보리는 소화가 잘 안 돼 '보리 방귀'라는 말까지 생겼지만 보리 방귀를 연신 뀔 정도로 보리를 배불리 먹어보는 것이 소원이기도 했습니다. 오죽하면 "방귀 길 나자 보리 양식 떨어진다"는 속담이 나왔을까요. 그나저나 살이 쪄서 살 빼기가 더 중요한 요즘에도 여전히 굶는 사람이 있다는 기사가 보이는데 굶는 이들이 어서 사라지고 보릿고개란 말이 옛말로만 남게 되었으면 합니다.

하지,
가뭄이 심하면 신을 화나게 하라

하지夏至는 24절기 가운데 열째 절기로 이날까지 모심기를 안 하면 농사가 늦어지 므로 서둘러 모내기를 해야 했는데 하지가 지날 때까지 비가 내리지 않으면 기우 제祈雨祭를 지냈습니다. 조선시대에는 농사가 나라의 바탕이었기에 비가 오지 않 아서 농사짓기가 어려워지면 임금이 직접 기우제를 지내기도 했지요.《조선왕조 실록》에 '기우제' 란 단어가 무려 3,122건이나 나올 정도입니다.

기우제의 유형은 몇 가지가 있는데 먼저 산 위에 장작을 쌓아놓고 불을 놓는 방법이 있습니다. 이는 산에서 불을 놓으면 타는 소리가 천둥 치는 소리같이 난 다는 데서 비롯된 것이라고도 하며, 연기를 통해 하늘에 비손한다는 뜻이라고도 합니다. 또 성물聖物이나 성역聖域을 더럽히거나 신에게 압력을 넣는 방법도 있지 요. 성물이나 성역에 더러운 것을 뿌리거나 넣으면 신이 비를 내려 깨끗하게 해 주리라 생각했으며, 신을 모독하거나 화나게 하여 강압적으로 비를 오게 하기도 합니다. 부정물은 개, 돼지의 피나 똥오줌이 주로 쓰이지요. 전라도 지방에서는 마을 여인네들이 모두 산에 올라가 일제히 오줌을 누면서 비를 빌기도 했습니 다. 아이들이 짚으로 용의 모양을 만들어 두들기거나 끌고 다니면서 비구름을 토하라고 강압하기도 하는데 아이들은 어떤 행동을 하더라도 용서받을 수 있다

기우제를 지내는 모습

고 생각했기에 한 방법입니다.

또 다른 방법으로는 비가 내리는 것과 같이 물이 떨어지도록 하는 유감주술이 있는데 보통 강변이나 우물에서 하지요. 부녀자들이 우물에서 키에 물을 붓고 비가 주룩주룩 내리는 듯 물이 떨어지도록 하거나, 아들을 못 낳는 여자들이 키에 강물을 담아 새어나오는 물을 뽑고 밤에 황토와 체, 솥뚜껑을 우물가로 가지고 가서 고사를 지냅니다. 이때 한 처녀는 부지깽이로 솥뚜껑을 두드리고 다른 처녀는 샘물을 바가지로 퍼서 솥뚜껑 위의 체에 물을 부으면서 "쳇님은 비가 오는데 하늘님은 왜 비를 내려 주지 않으시나요" 하고 주문을 반복하지요. 또 병에 물을 담은 다음 솜으로 막아 대문 앞에 병을 거꾸로 매달아 두어 물이 똑똑 떨어지도록 해 비가 오기를 기원하기도 했는데 이를 현병懸甁이라고 합니다.

농사는 나라의 뿌리였으므로 가뭄이 들면 임금이 나랏일을 잘못해 내리는 천벌이라 여겨 임금 스스로 몸을 정결히 하고 하늘에 제사를 지냈으며, 식음을 폐하고 거처를 초가에 옮기고, 죄인을 석방하기도 했지요. 이때 백성은 시장을 오가고, 부채질을 하거나 양산을 받는 일을 하지 않았으며, 양반도 관(冠)을 쓰지 않았습니다. 이제 기우제 지내는 일이야 없지만 이처럼 귀한 물을 함부로 쓰는 일은 없어야겠지요.

소서,
남에게 솔개그늘이 되어보자

소서(小暑)는 24절기 가운데 열한째 절기로 작은 더위를 뜻하지만 실은 더위가 본격적으로 시작되는 때인 데다 장마철과 겹쳐서 습도가 높아 불쾌지수가 높아지는 때입니다. 소서 무렵에는 논의 모가 뿌리를 내리기 시작하는 시기로, 김을 매거나 피사리를 해주고 논둑과 밭두렁의 풀을 베어 퇴비를 장만하기도 하지요.

이때에는 호박과 각종 푸성귀가 나오기에 다양한 음식이 입맛을 돋우는데, 특히 국수나 수제비 같은 밀가루 음식이 구미를 당깁니다. 또 민어가 한창 나올 때로 민어로 요리한 조림 · 구이 · 찜 · 회를 비롯해 민어고추장국 · 민어포 같은 먹거리도 인기 있지요.

요즈음은 농약을 치면서 농사를 지어 예전처럼 논의 피를 뽑는 일인 피사리를 하는 모습은 보기 어렵지만 여전히 예전 방식대로 김매기를 하는 농부들은 허리가 휘고 땀범벅으로 온몸이 파김치가 되기도 합니다. 이때 솔개그늘은 농부들에게 참 고마운 존재이지요. 솔개그늘이란 날아가는 솔개가 드리운 그늘만큼 작은 그늘을 말합니다. 뙤약볕에서 논바닥을 헤매며 김을 매는 농부들에겐 비록 작은 솔개그늘이지만 여간 고마운 게 아닙니다. 거기에 실바람 한 오라기만 지나가도 볼에 흐르는 땀을 식힐 수 있지요. 더위가 본격적으로 시작되는 소서 날 남을 위한 솔개그늘이 되어보는 것도 좋을 것입니다

대서, 추어탕 · 용봉탕 · 임자수탕을 즐겨 먹던 날

지상엔 온통 더위 천지

광한전(달나라에 있다는 궁전) 월궁으로 달아날 재주 없으니

설악산 폭포 생각나고

풍혈 있는 빙산이 그리워라

이 내용은 조선 전기의 문신 서거정이 시문을 모아 펴낸《동문선》이란 책에 나오는 시입니다.

　대서大暑는 24절기의 열두째로 한 해 가운데 가장 더운 때입니다. 날에 따라 소나기가 무섭게 쏟아지기도 하는데 한차례 소나기가 내리면 잠시 더위가 수그러들기도 하지만 다시 뙤약볕이 찾아와 더위를 먹게 합니다.

　가끔 소나기가 온 뒤 마당에 미꾸라지들이 떨어져 버둥거리는 일이 일어나기도 했지요. 빗줄기 타고 하늘로 치솟았다가 땅으로 떨어진 것인데 이걸로 추어탕을 해먹으면 기운이 난다고 합니다. 또 전설의 동물인 용과 봉황 대신 잉어(혹은 자라)와 오골계로 끓인 '용봉탕', 검정깨로 만든 깻국탕인 '임자수탕', 보신탕, 삼계탕을 보양식으로 즐겨 먹었습니다. 무더위엔 불쾌지수가 높아질뿐더러 자꾸 더위를 피하고만 싶은데 9세기 동산양개 선사禪師의 "너 자신이 더위가 되어라"라는 말을 되새겨보면서 우리 자신이 더위가 되어 큰 더위와 마주하면 어떨까요?

입추, 이 무렵 오랫동안 비가 오면
기청제를 지낸다

입추立秋는 가을 절기가 시작되는 날이며, 24절기의 열셋째로 말복 앞에 찾아오지요. 생각 같아서는 말복이 오고 입추가 올 것 같지만 실제는 입추가 먼저 옵니다. 주역에서 보면 남자라고 해서 양기만을, 여자라고 해서 음기만 가지고 있지 않으며, 조금씩은 겹쳐 있다고 하는데 계절도 마찬가지지요. 여름에서 가을로 넘어가려면 연결되는 부분이 있어야 하고, 이 역할을 입추와 말복이 하고 있습니다. 입추부터는 김장용 무, 배추를 심기도 하지만 농촌도 한가해지기 시작합니다.

가을로 들어서는 입추이지만 아직 더위는 꺾이지 않지요. 이런 불볕더위에 정조 임금은 화성을 쌓는 공사장의 감독이나 일꾼들이 더위에 지쳐 몸이 상할 것을 걱정한 나머지 더위를 씻어주는 척서단滌暑丹 4,000정을 지어 내려보냈다는 내용이 《정조실록》에 보입니다. 이런 임금을 만난 백성은 더위도 두렵지 않을 것입니다.

아직 날이 더울 때라 바닷가나 계곡을 찾느라 길에서 고생하지만 입추는 갈바람을 예약하는 날임을 생각하면 여름 고생도 머지않았습니다. 입추는 우리에게 긍정적인 삶을 가르칩니다. 참고로 "입추의 여지가 없다"라는 말이 있습니다. 여기서 입추立錐는 24절기 입추立秋와는 관계가 없지요. "송곳錐을 세울立 만한 여유餘地가 없다." 곧, 아주 좁아 여유가 없음을 가리키는 말입니다.

처서,
귀뚜라미 등을 타고 오는 절기

처서處暑는 24절기 가운데 열넷째 절기로 "땅에서는 귀뚜라미 등에 업혀 오고, 하늘에서는 뭉게구름 타고 온다"라고 할 만큼 여름은 가고 본격적으로 가을 기운이 자리 잡는 때입니다. 처서라는 한자를 풀이하면 "더위를 처분한다"라는 뜻이 되지요. 예전에 부인들은 이때 여름 동안 장마에 눅눅해진 옷을 말리고, 선비들은 책을 말렸는데 그늘에서 말리면 '음건陰乾', 햇볕에 말리면 '포쇄'라 했습니다. 특히 《조선왕조실록》을 보관했던 사고에서는 포쇄별감의 지휘 아래 실록을 말리는 것이 큰 행사였습니다.

　아침저녁으로 선선한 바람이 부는 이 무렵은 김매기도 끝나 '호미씻이'를 한 뒤여서 농가에서는 한가한 때입니다. 그래서 "어정거리면서 칠월을 보내고 건들거리면서 팔월을 보낸다"라는 뜻으로 '어정 칠월 건들 팔월'이라고 하지요. 처서 무렵 날씨는 벼 이삭이 패는 때이기에 한 해 농사의 풍흉豐凶을 결정하는 데 매우 중요합니다. 무엇이 한꺼번에 일어나는 것을 견주어 이를 때 "처서에 장벼이삭이 팰 정도로 다 자란 벼 패듯"이라고 표현하는 것도 처서 무렵의 벼가 얼마나 쑥쑥 익어 가는지 잘 보여주는 속담입니다.

　처서에 오는 비를 '처서비'라고 하는데, "처서비 십 리에 천 석 감한다"라고

하거나 '처서에 비가 오면 독 안의 든 쌀이 줄어든다'라는 말이 있습니다. 전라
북도 부안과 청산에서는 "처서날 비가 오면 큰애기들이 울고 간다"라고 하지요.
예부터 부안과 청산은 대추 농사로 유명한데 대추가 달콤하게 익어가기 시작하
는 처서 앞뒤로 비가 내리면 대추가 익지 못하고, 그만큼 혼사를 앞둔 큰애기들
의 혼수장만 걱정이 앞서기 때문이지요. 요즘 혼수 문제로 결혼이 파탄에 이르
기도 하는 것에 견주면 대추 팔아 혼수 장만하던 때만 해도 순박했습니다. 처서
비가 내리지 않아 대추 풍년이 되길 빌어봅니다.

백로,
포도순절이 시작되는 백로

백로白露는 24절기의 열다섯째 절기로 이때쯤이면 밤 기온이 내려가고, 풀잎에 이슬이 맺혀 가을 기운이 완연해지지요. 원래 이때는 맑은 날이 계속되고, 기온도 적당해서 오곡백과가 여무는 데 더없이 좋은 때입니다. 늦여름에서 초가을 사이 날이 좋으면, 내리쬐는 하루 땡볕에 쌀을 12만 섬1998년 기준이나 더 거둬들일 수 있다는 통계도 있습니다.

포도가 여무는 절기

옛 어른들은 편지 첫머리에 "포도순절葡萄旬節에 기체만강하시고" 하는 구절을 잘 썼는데, 백로에서 추석까지 시절을 포도순절이라 했지요. 그해 첫 포도를 따면 사당에 먼저 고한 다음 그 집 맏며느리가 한 송이를 통째로 먹어야 하는 풍습이 있었습니다. 주렁주렁 달린 포도알은 다산多産의 상징이고, 조선 백자에 포도 무늬가 많은 것도 역시 같은 뜻입니다.

어떤 어른들은 처녀가 포도를 먹고 있으면 망측하다고 호통을 치는 사람이 있는데 바로 이 때문이지요. 부모에게 배은망덕한 행위를 했을 때 '포도지정葡萄之情'을 잊었다고 개탄을 합니다. 이 포도의 정이란 어릴 때 어머니가 포도를 한 알, 한 알 입에 넣어 껍데기와 씨를 가려낸 다음 입으로 먹여주던 것을 일컫습니다.

아직 늦더위가 기승을 부리고 있는 때이지만 산모퉁이에는 가을 하늘이 언뜻언뜻 보이기 시작합니다. 내가 견디는 늦더위는 풍성한 오곡백과를 만들기 위한 작은 도움임을 생각하고, 주위 사람들을 배려하는 마음, 하나라도 나눠주려는 마음을 가지면 어떨까요?

추분,
우리에게 바른 삶을 알려주는 날

추분秋分은 24절기 가운데 열여섯째 절기로 낮과 밤의 길이가 같은 날입니다. 이날을 기준으로 밤의 길이가 점점 길어지며 가을도 그만큼 깊어가지요. 오늘날 우리가 알고 있는 추분의 의미는 이것이 다일까요? 아닙니다.

《철종실록》 10년1859년 기록에 보면 "(임금께서) '성문의 자물쇠를 여는 데 대해 의견을 모으라고 하시면서 종 치는 시각은 예부터 전해오는 관례에 따라 정하여 행하라는 가르침이 있었습니다. 추분 뒤에 자정子正 3각三刻에 파루를 치게 되면, 이르지도 늦지도 않아서 딱 중간에 해당하여 중도中道에 맞게 될 것 같다"라는 내용이 보입니다. 이 기록처럼 추분 날 종 치는 일조차 중도의 균형 감각을 바탕에 깔고 있음을 알 수 있습니다. 더도 덜도 치우침이 없는 날이 추분이므로 그 어느 쪽으로도 기울지 않는 곳에 덕德이 있다는 뜻의 중용과 일맥상통하는 날이라고 볼 수 있습니다.

그런가 하면 추분엔 향에 대한 의미도 생각해볼 수 있습니다. 추분의 들녘에 서면 벼가 익어가며 구수한 냄새가 나는데 그 냄새를 한자 말로 '향香'이라고 합니다. '벼 화禾' 자와 '날 일日' 자가 합해진 글자이지요. 한여름 뜨거운 해의 사랑을 받으며 자란 벼는 그 안에 진한 향기를 잉태합니다. 이처럼 사람도 내면에 치열한 내공을 쌓아갈 때 진한 향기가 진동하겠지요.

또 들판의 익어가는 수수와 조, 벼 들은 뜨거운 햇볕, 천둥과 큰비의 나날을 견뎌 저마다 겸손하게 고개를 숙입니다. 내공을 쌓은 사람이 머리가 무거워져 고개를 숙이는 것과 벼가 수많은 비바람의 세월을 견뎌 머리를 수그리는 것은 같은 이치가 아닐까요? 이렇게 추분은 중용과 내면의 향기와 겸손을 생각하게 하는 아름다운 때입니다.

한로, 오곡백과를 수확하고
길손과 막걸리를 나누다

한로寒露는 24절기의 열일곱째로 추분과 상강 사이에 오며 찬 이슬이 맺히는 때인데 서리가 내리기 전에 곡식을 거둬들여야 하기에 농부들은 눈코 뜰 새가 없습니다. 이때 바쁜 일손을 잠시 멈추고 새참 때 마시는 막걸리 한 사발은 꿀맛입니다. 결실을 거두는 때이니 길손도 그냥 보낼 수가 없죠. 농부가 길손을 불러 막걸리를 나누는 것은 이런 마음의 여유에서 비롯되는 풍요로움일 것입니다.

한로와 상강에는 시절 음식으로 추어탕鰍魚湯을 즐겼습니다. 《본초강목》에는 미꾸라지가 양기를 돋우는 데 좋다고 기록되어 있습니다. '미꾸라지 추鰍' 자를 보면 '가을 추秋' 자 앞에 '고기 어魚' 자를 붙인 것으로 보아 미꾸라지가 가을이 제철인 고기임을 알 수 있습니다. 또한 국화전을 지져 먹고 국화술을 담그기도 하지요.

바쁜 농촌과는 달리 이 무렵엔 단풍이 곱게 물들기 시작하여 도회지에서는 크고 작은 모임으로 단풍 관광 길에 오르는 사람이 많습니다. 예전 우리 겨레는 24절기에 맞추어 그 철에 맞는 삶을 살아왔지만 현대인은 24절기를 잊고 그와는 무관한 일상을 살고 있지요. 그러나 구부러진 허리 한 번 펴지 못하고 논밭에서 가을걷이로 바쁜 이웃이 있고 부모님이 계시다는 것을 기억했으면 좋겠습니다.

상강,
부지깽이도 덤비는 바쁜 때

동짓달에 서리와 눈이 내리니

농가에는 월동 준비를 마쳤다

오지솥에는 콩죽이 끓는 소리

먹으니 그 맛이 꿀처럼 달구나

이응희 '콩죽'

상강霜降은 24절기 가운데 열여덟째로 서리가 내리기 시작하는 절기입니다. 한로 와 입동 사이에 있으며 보통 양력 10월 23~24일 무렵이지요. 《동아일보》 1961년 10월 24일자에 보면 "누렇게 시든 가로수 잎들이 포도 위에 딩굴고, 온기 없는 석 양이 빌딩 창문에 길게 비쳐지면 가을도 고비를 넘긴다"라며 상강을 얘기합니다.

《농가월령가》에 보면 "들에는 조, 피더미, 집 근처 콩, 팥가리, 벼 타작 마친 후에 틈나거든 두드리세"라는 구절이 보이는데 가을걷이할 곡식들이 사방에 널 려 있어 일손을 기다리고 있음을 알 수 있습니다. 우리 속담에 "가을에는 부지깽 이도 덤빈다", "가을 들판에는 대부인大夫人 마님이 나막신짝 들고 나선다"라는 말이 있는데, 쓸모없는 부지깽이도 필요할 만큼 바쁘고 존귀하신 대부인까지 나

334

서야 할 만큼 곡식 갈무리로 바쁨을 나타낸 말들입니다. 슬슬 겨우살이 채비를 서두를 때입니다.

입동, 곧 닥쳐올 겨울 채비에 발을 동동 구르다

쌀쌀한 바람이 때때로 불며 누른 잎새가 우수수하고 떨어지든 가을철도 거의 다 지내가고 새빨갓케 언 손으로 두 귀를 가리고 종종 거름을 칠 겨울도 멧날이 못되야 또다시 오게 되얏다. 따듯한 온돌 안에서 쪽각 유리를 무친 미닫이에 올골을 대이고 소리 업시 날리는 백설을 구경할 때가 머지 아니하야 요사이는 길가나 공동수도에 모히어 살림이야기를 하는 녀인네 사이에는 '우리 집에는 이때까지 솜 한 가지를 못 피어 놓았는데 이를 엇지해…' 하며 오나가나 겨울준비에 분망하게 되었다.

위는 '立冬_{입동}과 沈菜準備_{침채준비}'라는 제목의 1922년 11월 6일자 《동아일보》 기사의 일부입니다. 당시의 입동 즈음 분위기를 잘 묘사해놓았습니다. 침채는 딤

말리고 있는 시래기

채의 어원으로 김치를 말합니다.

　입동은 24절기의 열아홉째 절기입니다. 바쁜 가을걷이도 끝나 한숨 돌리고 싶은 때이지만 곧바로 닥쳐올 겨울을 채비해야 하기에 아낙네들은 일손을 놓을 수가 없습니다. 입동 전후에 가장 큰일은 역시 김장이지요. 예전에 겨울 반찬은 김치가 전부여서 김장은 중요한 일이었습니다. 지금은 배추를 비롯한 각종 푸성귀를 365일 팔고 있고 김치 말고도 먹거리가 많지만 김장은 여전히 우리 겨레의 중요한 행사입니다.

　입동철에는 김장 말고도 무말랭이, 시래기 말리기, 곶감 만들기, 땔감으로 장작 패기, 창문 바르기 따위의 일들로 몹시 바빴습니다. 특히 감나무의 감을 딸 때는 날짐승을 위해 감 몇 개를 남겨놓을 줄 아는 여유도 잊지 않았습니다. 또 입을 거리가 넉넉지 않았으므로 솜을 두둑이 넣어 누비옷을 만들고 솜을 틀어 두툼한 이불도 마련해야 했는데, 이런 겨울 채비를 바삐 하다 보면 겨울도 성큼 다가서게 되지요.

소설은 작은 봄,
추위 속에서도 햇살은 비쳐

시월은 초겨울 되니 입동 소설 절기로다. 나뭇잎 떨어지고 고니소리 높이 난다. 듣거라 아이들아 농사일 다했구나. (중략) 무 배추 캐어 들여 김장을 하오리라. (중략) 방고래 구들질과 바람벽 흙 바르기. 창문도 발라 놓고 쥐구멍도 막으리라. 수숫대로 울타리치고 외양간에 거적치고 깍짓동 묶어 세워 땔나무로 쌓아 두소.

《농가월령가》 가운데 음력 10월을 노래한 대목입니다. 소설小雪은 24절기 가운데 스무째로 첫눈이 내리기 시작하는 절기입니다. 우리나라에서는 소설을 명절로 생각하지는 않지만, 추위가 시작되고 눈도 내리기 때문에 겨울 채비를 서둘러야 합니다. 소설은 대개 음력 10월 하순에 들어 "초순의 홑바지가 하순의 솜바지로 바뀐다"라는 속담이 있을 정도로 날씨가 점점 추워집니다.

그러나 한겨울에 든 것은 아니고 아직 따뜻한 햇살이 비치므로 "작은 봄"이 란 뜻으로 소춘小春이라고도 하지요. 또 "소설 추위는 빚을 내서라도 한다"라는 속담이 있는데, 이는 소설에 날씨가 추워야 보리 농사가 잘된다고 믿은 것입니 다. 이제 마지막 남은 잎새 하나가 파르르 떱니다. 하지만 그 잎새마저도 떨어져 야 새봄을 준비하는 겨울잠을 잘 수 있습니다. 소설 즈음 절망을 희망으로 바꾸 는 삶을 살아가면 어떨까요?

대설,
보리밭 얼지 않게 눈은 와줄까?

대설大雪은 24절기 가운데 스물한째로 눈이 많이 내리는 절기입니다. 이때 눈이 많이 내려 보리밭을 얼지 않게 충분히 덮어주면 다음 해에 풍년이 든다고 하지 요. 하지만 대설이라 해도 꼭 눈이 많이 내리지 않습니다. 왜냐면 24절기가 중국 화북 지방을 중심으로 만들어졌기 때문입니다. 또 요즘은 지구온난화 영향으로 날씨가 옛날과 많이 달라진 탓도 있지요.

처마에 매달은 메주

이때 눈이 오면 아이들은 물론이고 어른도 '서설瑞雪'이라고 해서 좋아합니다. 그리고 눈사람을 만들거나 눈싸움을 하면서 놀았지요. 또 지금과는 달리 옛날 눈은 깨끗했기에 눈을 먹기도 했습니다. 특히 섣달 그믐날 밤에 내리는 눈을 남모르게 혼자 받아먹으면 그해에는 더위를 타지 않는다는 믿음도 있었지요.

대설 즈음 가장 큰일은 메주 쑤기입니다. 콩을 삶아 메주를 쑤면 며칠 방에 두어 말린 뒤, 짚을 깔고 서로 붙지 않게 해서 곰팡이가 나도록 띄웁니다. 이때에 곰팡이가 잘 번식하게 하려면 이불로 덮어야 하는데, 이때 이불은 합성섬유가 아닌 천연섬유로 된 것이 좋습니다. 또 알맞게 뜨면 나일론 끈이 아닌 짚을 써서 열십자로 묶어 매달아둡니다. 이 역시 메주를 띄우는 푸른곰팡이의 번식이 왕성하도록 하기 위함이지요. 예전 서양 사람들은 이 메주에 아플라톡신이란 발암 물질이 있다고 했지만, 아플라톡신은 메주를 씻는 과정에서 없어지고 오히려 발효되면서 항암 식품으로 변신하는 것이지요. 포근히 눈 내리던 날 메주 쑤는 어머니 곁에 앉아 한 국자 받아 먹던 메주콩 맛을 기억하는 분들도 계실 겁니다.

동지, 달력을 선물하고
팥죽을 나누는 날

동지冬至는 24절기 가운데 스물두째 절기로 팥죽을 쑤어먹는 명절입니다. 동짓날 팥죽을 쑨 유래는 중국의 《형초세시기》에 나옵니다. '공공씨'의 망나니 아들이 동짓날 죽어서 전염병 귀신이 되었는데 그 아들이 평상시에 팥을 두려워하였기 때문에 사람들이 전염병 귀신을 쫓으려 동짓날 팥죽을 쑤어 악귀를 쫓았다고 하지요.

동지가 동짓달 초승에 들면 애동지, 중순이면 중동지, 그믐께면 노동지라고 합니다. 애동지에는 팥죽 대신 팥 시루떡을 쪄서 먹었는데 요즘은 가리지 않고 팥죽을 먹습니다. 팥죽을 쑤면 먼저 사당에 차례를 지낸 다음 방과 장독, 헛간에 한 그릇씩 떠다 놓고, "고수레!" 하면서 대문이나 벽에다 죽을 뿌립니다. 붉은 팥죽으로 악귀를 쫓는 의식이지만 한편으론 겨울에 먹을 것이 부족한 짐승들을 배려한 것입니다. 그런 다음 식구들이 팥죽을 먹는데 마음을 깨끗이 하고, 새해를 맞는 의미가 담겨 있습니다.

고려시대에 '동짓날은 만물이 회생하는 날'이라고 하여 고기잡이와 사냥을 금했다고 하고, 고려와 조선 초기의 동짓날에는 어려운 백성이 모든 빚을 청산하고, 새로운 기분으로 하루를 즐기는 풍습이 있었습니다. 왕실에서는 동지를 한 해의 시작으로 보고 새해 달력을 나누어주었는데, 이러한 풍속은 단오에 부채를 주고받는 것과 함께 하선동력夏扇冬曆이라 하였지요. 또 제주 목사는 귤을 임금에게 진상하였는데 이 귤을 종묘에 올린 다음 유생들에게 나누어주고 이를 기쁘게 여겨 '황감제'란 과거를 실시했습니다.

추운 겨울날의 동지, 이웃에 달력을 선물하고 헐벗은 이와 함께 팥죽과 귤을 나눠 먹으며, 모든 영육간의 빚을 청산하고 새로운 해를 맞았으면 좋겠습니다.

소한,
햇볕과 한방차로 겨울나기

소한小寒은 24절기 가운데 스물셋째로 한겨울 추위 가운데 혹독하기로 소문난 날입니다. 이 추운 겨울을 어떻게 나야 할까요? 《동의보감》에 보면 "겨울철 석 달은 물이 얼고 땅이 갈라지며 양陽이 움직이지 못한다. 일찍 잠자리에 들고 해가 뜬 뒤에 일어나야 한다"라고 권하고 있습니다. 많은 동물이 겨울에 겨울잠을 자듯 사람도 활동을 줄이고 잠자는 시간을 늘리라는 것이지요. 하지만 현대인은 겨울이라 해서 활동을 줄일 수는 없을 것입니다.

대신 햇볕을 가까이하는 것이 좋다고 합니다. 동지가 지나면 해가 길어지듯이 사람 몸 안의 양기도 점점 움트기 시작하는데 이때 양기가 찬 기운을 이기지 못하면 호흡기에 병이 생기기 쉽다고 하지요. 그래서 이를 보완해주려면 햇볕을 쐬어주어야 합니다. 또 혈 자리에 뜸을 떠 몸속으로 따뜻한 기운을 넣어 기의 순환을 원활하게 해주는 것도 좋습니다.

햇볕 말고도 겨울나기에 도움이 되는 것은 한방차와 신맛이 나는 과일입니다. 한방에서 '총백' 이라고 부르는 '파뿌리' 를 물에 넣고 끓여 마시면 땀을 내주고 기침, 가래를 삭여주며, 항균 작용도 있어 평소 자주 마시면 감기 예방에 좋다고 하지요. 그밖에 비타민C가 많은 유자나 단백질과 당류, 유기산 따위가 풍부한 대추로 차를 끓여 마시면 피로 회복과 감기 예방에 도움이 됩니다. 또 매실, 오미자, 모과, 산수유, 귤처럼 신맛이 나는 과일은 흩어져 있는 기운을 모아주기 때문에 겨울철에 자주 먹어줘야 할 것입니다.

24절기의 마지막인
대한은 희망이다

대한大寒은 24절기 가운데 마지막 절기입니다. 대한은 음력으로 섣달에 들어 있어 한 해를 매듭짓는 절기인데 대한 기간의 마지막 날은 절분節分이라 하여 한 해의 마지막 날로 여겼습니다. 그래서 절분날 밤을 해넘이라 하고, 콩을 방이나 마루에 뿌려 악귀를 쫓고 새해를 맞는 풍습이어서 절기상으로는 진짜 새해가 되는 것이지요.

이때 세끼 가운데 한 끼는 꼭 죽을 먹었습니다. 나무나 한두 짐씩 하는 것 말고는 크게 힘쓸 일이 없는 농한기이므로 일하지 않으면 먹지 않는다는 정신도 그 속에 숨어 있을 것입니다. 제주도에서는 이사나 집수리 따위를 비롯한 집안 손질은 언제나 신구간에 하지요. 이때 신구간이란 말은 대한 후 5일에서 입춘 전 3일 사이1월 25일~2월 1일입니다. 이때에는 사람들의 일상에 관여하는 신들이 모두 옥황상제한테 가 있는 날이라 무엇을 해도 탈이 없다는 재미난 속설 때문입니다.

소한부터 대한까지는 한 해의 가장 추운 때인데 예전엔 세수하고 잡은 방문고리에 손가락이 '쩍쩍' 달라붙었습니다. 또 눈 덮여 황량한 겨울 들판엔 칼바람 추위 속에 먹을거리도 부족하니 사람도 뭇 짐승도 배곯고 움츠리기는 마찬가지였지요. 그러나 이 만물이 얼어붙어 죽은 듯한 땅에도 저 멀리 봄소식은 오고야

봄이 도사리고 있는 겨울 들판

맞니다. 소설가 김영현은 작품집 《깊은 강은 멀리 흐른다》에서 "도시에서 온 놈들은 겨울 들판을 보면 모두 죽어 있다고 그럴 거야. 하긴 아무것도 눈에 뵈는 게 없으니 그렇기도 하겠지. 하지만 농사꾼들은 그걸 죽어 있다고 생각지 않아. 그저 쉬고 있을 뿐이라 여기는 거지. 적당한 햇빛과 온도만 주어지면 그 죽어빠져 있는 듯한 땅에서 온갖 식물들이 함성처럼 솟아 나온다 이 말이네"라고 말합니다. 가장 추운 지점 바로 끝에 봄이 도사리고 있음을 깨달은 것이지요. 대한은 희망을 다지는 날입니다.

명절에서 배우는 옛사람의 지혜

단오옷은

젊은 낭자에게 꼭 맞으니

가는 모시베로 만든 홀치마에

잇빛이 선명하네

설날,
배달겨레 큰 명절

음력 1월 1일은 설날입니다. 이 말의 말밑어원을 살펴보면 '설다, 낯설다'의 '설'에서 그 유래를 찾는 사람들이 있는데 처음 가보는 곳은 낯선 곳이고 처음 만나는 사람은 낯선 사람인 것처럼 설 역시 처음 맞이하는 '낯설은 날'로 생각한 까닭에서 비롯한다는 설이 있고, 다른 한편으로는 '서럽다'는 뜻의 '섧다'에서 왔다고 하는 사람도 있습니다. 한 해가 지남으로써 점차 늙어가는 처지를 서글퍼하는 말이지요.

또 다른 유래는 '삼가다'라는 뜻을 지닌 '사리다'의 '살'에서 비롯했다는 설도 있습니다. 각종 세시풍속 책에는 설을 신일愼日이라 하여 '삼가고 조심하는 날'로 표현했습니다. 몸과 마음을 바짝 죄어 조심하고 가다듬어 새해를 시작하

© 이무성 화백

라는 뜻으로 보는 것이지요.

　설날에는 정성껏 준비한 제수를 차려놓고 조상에게 차례를 지내고 웃어른들께 세배를 하며 떡국을 먹는 것은 어느 집이나 하는 통속입니다. 또 설날 재미난 세시풍속으로는 '양괭이 쫓기'라는 것이 있습니다. 양괭이 또는 야광귀夜光鬼라는 귀신은 설날 밤, 사람들이 사는 집에 내려와 아이들의 신을 두루 신어보고 발에 맞으면 신고 가버립니다. 그러면 그해 그 신의 주인에게는 불길한 일이 일어난다고 믿었습니다.

　그래서 아이들은 이 귀신이 무서워 모두 신을 감추거나 뒤집어놓은 다음 잠을 잤지요. 그리고 채를 마루 벽에 걸거나 장대에 걸어 뜰에 두었습니다. 그러면 양괭이가 와서 수없이 구멍이 나 있는 신기한 물건이 있는 것을 보고 그 구멍을 세느라고 아이들의 신을 훔칠 생각을 잊고 있다가 닭이 울면 도망간다는 이야기입니다.

또한 세주불온, 문안비, 청참, 오행점, 원일소발 따위의 재미있는 세시풍속도 있습니다만 모두 잊히고 말았습니다. 다만 섣달 그믐날 밤에 잠을 자면 눈썹이 희어진다며 밤을 새던 일을 기억하는 사람들이 있을 겁니다. 이것을 해지킴이, 곧 수세守歲라고 했지요.

정월대보름, 용알뜨기 해보셨나요?

설날에 이어 오는 정월대보름도 우리 겨레는 큰 명절로 지냈습니다. 정월대보름 달은 지구에 가장 가깝게 다가서기 때문에 가장 작은 때에 비해 무려 14퍼센트나 커서 한 해 가운데 가장 큰 달이지요. 정월대보름 날은 다채로운 세시풍속이 전해집니다. 특히 '복토 훔치기'란 재미난 풍속이 있는데 부잣집 흙을 몰래 훔쳐다

자기 집 부뚜막에 발라 복을 비손하는 것입니다. 또 '용알뜨기' 풍습이 있는데 이는 대보름날 새벽에 가장 먼저 용알이 떠 있다고 생각되는 우물물을 길어오면 그해 운이 좋다고 믿었습니다.

이날 풍속에 '더위팔기'라는 것도 있는데 이유원의 《임하필기》에서는 이를 두고 "당唐·송宋 사람들은 어리석음을 팔았으니 이것은 더위팔기와 같은 것이다"라고 그 유래를 밝히고 있지요. 또 '다리밟기'는 고려 풍속으로 다리 병을 물리치기 위한 놀이이고, 보름달의 두껍고 엷은 상태를 가지고 그해의 흉풍년을 점쳤으며, 곡식 이삭 늘어놓기, 부럼 깨물기, 줄다리기 놀이 같은 것은 모두 신라 때부터 이어져온 명절놀이라고 소개하고 있습니다.

정월대보름 먹을거리로는 오곡밥과 나물을 들 수 있는데 멥쌀·찹쌀·조·수수·보리를 넣어 지은 밥에 고사리·시래기·호박오가리 따위의 나물을 먹었습니다. 오곡밥은 많이 먹을수록 좋다고 해서 '나무 아홉 짐과 찰밥 아홉 그릇'을 먹기도 했는데 이것은 한 해를 부지런히 뛰며 살라는 뜻이란 생각이 듭니다. 또 예전에는 마을마다 한 해의 안녕과 무사를 기원하는 제를 지내거나 굿을 하던 풍속이 있었으나 이제는 동호인들끼리 옛 풍속을 재현하는 풍물굿 정도로만 볼 수 있을 뿐입니다.

삼월삼짇날,
제비가 돌아오는 때

음력 3월 3일은 삼월삼짇날로 설날, 단오, 칠석, 중양절처럼 양수陽數가 겹치는 좋은 날입니다. 삼짇날은 봄을 알리는 명절로 강남 갔던 제비가 돌아오고, 뱀이 겨울잠에서 깨어나 나오기 시작하는 날이지요. 또 나비나 새도 나타나기 시작하는데, 경상북도 지방에서는 이날 뱀을 보면 운수가 좋다고 하고, 또 흰나비를 보면 그해 상을 당하며 노랑나비를 보면 행운이 온다고 합니다.

이날 전해오는 놀이로 사내아이들은 물이 오른 버들가지를 꺾어 피리를 만들어 불고, 여자아이들은 풀을 뜯어 각시인형을 만들어 각시놀음을 즐깁니다. 이날 선비들은 정원의 곡수曲水(구부러져서 흐르는 물길)에 술잔을 띄우고 자기 앞으로 떠내려올 때까지 시를 읊던 곡수연이란 운치 있는 놀이를 즐겼습니다. 또 삼짇날에는 '제비맞이'라는 풍속도 있는데 봄에 제비를 처음 보았을 때, 그 제비에게 절을 세 번 하고 왼손으로 옷고름을 풀었다가 다시 여미면 여름에 더위가 들지 않는다고 믿었습니다.

이날 시절 음식으로는 진달래꽃을 따다가 찹쌀가루로 반죽하여 둥근 떡을 만드는 화전花煎이 있으며, 녹두가루에 붉은색 물을 들여 그것을 꿀물에 띄운 것을 먹는데 이를 수면水麵이라고 하지요. 이밖에 '산떡'이라 하여 방울 모양으로 흰떡

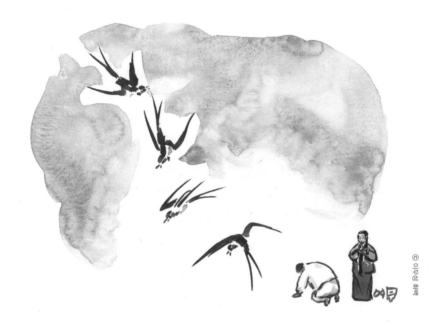

ⓒ 이무성 화백

을 만들어 속에 팥을 넣고, 떡에다 다섯 가지 색깔을 들여, 작은 것은 다섯 개씩 큰 것은 세 개씩 이어서 구슬처럼 꿰는 떡도 있습니다. 또 찹쌀과 송기 그리고 쑥을 넣은 '고리떡' 이 있고 부드러운 쑥잎을 따서 찹쌀가루에 섞어 쪄 떡을 만드는 '쑥떡' 도 있지요. 지금은 거의 잊혔지만 삼짇날은 우리 겨레가 서로 어울릴 수 있는 뜻깊은 명절이었습니다.

한식, 불씨의 나눔에 담긴
공동체 의식의 날

한식寒食이라 하면 일반적으로 중국의 개자추 이야기를 떠올리는 분들이 많습니다. 그러나 한식은 조선시대 풍습인 사화와 깊은 관련이 있습니다. 먼저 개자추 이야기를 볼까요?

중국 춘추시대 개자추란 사람은 진나라 임금이 된 문공이 망명 생활을 할 때 그를 19년 동안이나 극진히 모셨습니다. 문공이 "고기가 먹고 싶다"라고 하자 고기를 구할 수 없어 자신의 허벅지 살을 도려내 구워줄 정도였지요. 뒷날 문공이 임금에 오른 뒤 자신을 도운 다른 사람들에게는 모두 벼슬을 주었으나 개자추는 등용하지 않았습니다. 실망한 그는 산에 들어가 숨어 살았는데 문공이 나중에야 잘못을 깨닫고 불렀지만 나오지 않자 산에서 나오게 하려고 불을 질렀는데 개자추는 나오지 않고 타죽고 말았습니다. 그래서 이날만은 개자추를 기려 불을 피우지 않고 찬밥을 먹었다 해서 한식이라고 했다는 말이 전해지고 있습니다.

그러나 우리나라에도 한식 풍습이 있습니다. 《동국세시기》청명조淸明條에 보면, 이날 버드나무와 느릅나무를 비벼 새 불을 일으켜 임금에게 바쳤는데 임금은 이 불을 신하들과 360곳의 고을 수령에게 나누어주었지요. 이를 하사한 불이란 뜻의 '사화賜火'라 합니다. 수령들은 한식날 다시 이 불을 백성에게 나누어주는

데, 묵은 불을 끄고 새 불을 기다리는 동안 밥을 지을 수 없어 찬밥을 먹는다고 해서 한식이라고 불렀습니다.

불을 다스리는 것은 예전에는 매우 중요한 의식으로 임금이 내려준 불을 백성에게 골고루 나눠줌으로써 온 백성이 공동 운명체임을 느꼈던 것이지요. 이때 불이 꺼지지 않게 불씨통에 담아 온 나라로 불을 보냈는데 그 불씨통은 뱀 껍질이나 닭 껍질로 만든 주머니로 보온력이 강한 은행이나 목화 씨앗 태운 재에 묻어 운반했습니다. 한국인에게 있어 한식의 의미는 '개자추의 찬밥' 보다는 '묵은 불을 버리고 새 불의 교체기에 임금과 백성이 하나 되려는 의식' 이 더 값지지 않을까요?

단오, 시원한 부채를 선물했던
아름다운 명절

단오端午는 설날, 한식, 한가위와 함께 우리 겨레의 4대 명절입니다. 단오의 '단端' 자는 첫 번째를 뜻하고, '오午' 자는 다섯이란 뜻과 통하므로 오월 초닷새를 뜻합니다. 단옷날을 또 수릿날이라고도 하는데 수리란 '신神' 이라는 뜻과 '높다' 는

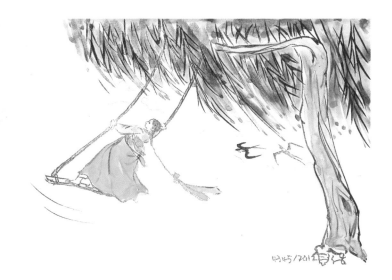

뜻으로 이것을 합치면 '높은 신이 오시는 날'이란 뜻이 됩니다. 《동국세시기》에는 단옷날 산에서 자라는 수리취戌衣翠 나물이나 쑥으로 떡을 해먹는데, 그 모양이 마치 수레바퀴처럼 둥글므로 수릿날이라는 이름이 생겼다는 설도 있습니다.

그밖에 단오를 가리키는 다른 이름으로는 중오절重午節, 重五節, 천중절天中節, 단양端陽, 오월절, 여아절女兒節이 있고 지방에 따라 쇠코 뚫는 날강원도 삼척, 소 시집 가는 날강원도 삼척, 소 군둘레 끼우는 날강원도 삼척, 미나리환갑날경기도 동두천, 며느리날경상북도, 단양수리전라남도, 과부 시집가는 날강원도 강릉, 돌베개 잠자는 날강원도 강릉과 같은 여러 이름으로 불렸습니다.

　유만공의 《세시풍요歲時風謠》에 보면 "단오옷은 젊은 낭자娘子에게 꼭 맞으니, 가는 모시베로 만든 홑치마에 잇빛이 선명하네"라며, 단옷날 입는 옷을 '술의戌衣'라고 한다고 말합니다. 여기서 유만공의 해석에 따르면, 술의란 신의神衣, 곧 태양신을 상징하는 신성한 옷이지요. '높은 신이 오시는 날', 곧 단옷날에 여인네는 가는 모시베의 잇빛홍화색, 분홍색 홑치마를 입고 신을 맞으려는 뜻이 있었나 봅니다. 예전에 4대 명절이었던 단오는 이제 잊힌 명절이지만 이날 이웃에게 부채를 선물하며 여름을 시원하게 나도록 빌어주던 그 마음만은 언제까지나 기억했으면 합니다.

유두, 이웃과 함께 머리 감고
유두국수 먹는 날

유두流頭는 우리 겨레가 즐겼던 명절로 음력 6월 15일입니다. 유두는 유둣날이라고도 하는데 '동류두목욕東流頭沐浴'의 준말이지요. 이것은 신라 때부터 있었던 풍속인데 가장 원기가 왕성한 곳으로 보는 동쪽으로 흐르는 물에 머리를 감는다는 뜻입니다. 이렇게 머리를 감고 목욕을 하면 액을 쫓고 여름에 더위를 먹지 않는

다는 믿음을 가졌습니다. 특히 식구나 이웃과 같이 머리를 감고, 술을 돌려 마심으로써 공동체임을 확인했습니다.

유두의 시절 음식은 햇밀가루로 만든 국수와 떡, 제철을 맞은 참외와 수박이 있는데, 이 음식으로 조상신이나 땅의 신 등에게 유두제사_{유두천신}를 지낸 후 나누어 먹습니다. 이렇게 하면 악귀를 쫓고 여름에 더위를 먹지 않는다고 합니다. 또 유두날엔 참외꽃이 떨어지고, 참외가 열릴 무렵 국수를 삶아 참외밭에 가서 참외 덩쿨에 국수 가락을 걸치면서 "외가 주렁주렁 내리소" 하고 비는 외제를 지냅니다. 유두일에 해먹는 음식으론 유두국수가 있었는데 햇밀로 국수를 눌러 닭국물에 말아 먹는 것입니다. 그밖에 구절판, 상화병, 밀쌈 ,편수, 미만두, 수단, 건단, 연병이란 것도 먹었지요.

유둣날은 삼월삼진날, 칠월 칠석, 구월 중양절과 함께 우리 겨레의 명절이었으나 현대에는 그 의미가 많이 퇴색되었습니다. 수돗물로 머리 감는 이 시대에 유두의 의미는 잊혔지만 불편했던 이웃과 함께 햇밀 국수라도 나눠 먹음으로써 서로 갈등을 깨끗이 풀고 하나가 되는 아름다운 명절로 새롭게 자리매김하면 어떨는지요? 그래서 유두에는 시절 음식이라도 같이 먹으며 더불어 살려던 옛 조상을 돌아보는 계기가 되었으면 좋겠습니다.

세거우,
쇄루우가 내리는 칠석

밤한울 구만리엔 은하수가 흘은다오

구비치는 강가에는 남녀 두 별 있엇다오

사랑에 타는 두 별 밤과 낮을 몰으것다

한울이 성이 나서 별하나를 쪼치시다

물건너 한편바다 떠러저 사는 두 별

秋夜長 밤이길다 견듸기 어려워라

칠석날 하로만을 청드러 만나보니

원수의 닭의소리 지새는날 재촉하네

리별이 어려워라 진정으로 난감하다

해마다 눈물흘러 흔하수만 보태네

1934년 11월에 나온 잡지 《삼천리》에 실린 월탄 박종화의 '견우·직녀' 라는 시입니다. '하늘이 성이 나서 별 하나를 쫓으시다' 라는 말이 재미납니다. 견우·직녀 이야기는 우리가 흔히 아는 전설이지요. 그래서 그런지 이와 관련된 말도 많습니다.

칠석 전날에 내리는 비를 견우와 직녀가 타고 갈 수레를 씻는 세거우洗車雨라고 하고, 칠석 당일에 내리는 비는 만나서 기뻐 흘린 눈물의 비라고 하며, 다음 날 새벽에 내리는 비는 헤어짐의 슬픔 때문에 내린다고 하여 쇄루우灑淚雨라고 합니다. 또 칠석에는 까마귀와 까치가 오작교를 만들려고 하늘로 올라갔기 때문에 한 마리도 보이지 않는다고 하고, 또 이날은 유난히 부슬비가 많이 내립니다.

칠월칠석 아낙들은 장독대 위에 정화수를 떠놓거나 우물을 퍼내어 깨끗이 한 다음 시루떡을 놓고 식구들이 병 없이 오래 살고 집안이 평안하게 해달라고 칠성신에게 빌었습니다. 또 처녀들은 견우성와 직녀성을 바라보며 바느질을 잘하게 해달라고 빌었는데 이것을 걸교乞巧라 했지요. 장독대 위에다 정화수를 떠놓은 다음 그 위에 고운 재를 평평하게 담은 쟁반을 놓고 다음 날 재 위에 무엇이 지나간 흔적이 있으면 바느질 솜씨가 좋아진다고 믿었습니다.

한가위,
추석보다는 한가위가 더 좋은 말

우리 겨레의 가장 큰 명절, 한가위는 추석, 가배절, 중추절, 가위, 가윗날로도 불립니다. 하지만 요즘은 이 가운데서 추석이란 말을 가장 많이 쓰는 듯합니다. 과연 어떤 말이 가장 바람직할까요?

먼저 중국에서는 가을을 셋으로 나눠 음력 7월을 맹추孟秋, 8월을 중추仲秋, 9월을 계추季秋라고 불렀는데 그에 따라 8월 보름을 중추라 한 것입니다. 이 말 말고도 추석이라는 말이 있는데 추석은 5세기 송나라 학자 배인의《사기집해史記集解》의 "추석월秋夕月"이란 말에서 유래합니다. 여기서 추석월의 뜻은 천자가 가을 저녁에 달에게 제사를 드린다는 뜻인데 중국 사람들은 이 말을 거의 쓰지 않습니다.

'한가위'는 "크다"는 뜻의 '한'과 '가운데'라는 뜻의 '가위'라는 말이 합쳐진 것으로 8월 한가운데에 있는 큰 날이라는 뜻입니다. 또 가위는 신라에서 유래한 말인데 다음과 같은 ≪삼국사기≫의 기록이 있습니다. "신라 유리왕 9년에 나라 안 부녀자들을 두 편으로 갈라 음력 7월 열엿새 날부터 8월 보름까지 길쌈을 짜게 하였다. 그리곤 짠 베로 승부를 가름하고, 진 편에서 술과 음식을 차려 이날달 밝은 밤에 길쌈을 한 부녀자들이 밤새도록 '강강술래'와 '회소곡'을 부르며, 춤을 추고 흥겹게 놀았다." 이것을 그때 말로 '가배'라 하였는데 나중에 '가위'

로 변했습니다. 한가위를 가위, 가윗날, 가배절, 가붓날이라고도 하는데 여기서 유래한 말이지요. 따라서 말밑이 불분명한 '추석' 보다는 신라 때부터 오랫동안 쓰인 토박이말 '한가위' 를 쓰는 게 좋을 일입니다.

한가윗날 음식으로는 송편을 꼽을 수 있습니다. 온 식구가 둥그렇게 앉아 송편을 빚는 모습은 생각만 해도 정감이 넘치지요. 잘 빚은 송편은 향긋한 솔잎을 깔고 쪄내 제사상에 올리면 조상님도 흐뭇해하실 것입니다. 또한 한가위 음식으로는 《농가월령가》 8월령에 보면 "북어쾌 젓조기로 추석 명절 쉬어보세 · 신도주, 올벼송편, 박나물, 토란국을 선산에 제물하고 이웃집 나눠 먹세"라고 나오듯이 여러 음식이 있는데 명절 음식을 해서 이웃과 나눠 먹었던 모습이 정겹습니다.

세시풍속 가운데는 '거북놀이' 라는 것이 있는데 이 놀이는 수수 잎을 따 거북이 등판처럼 엮어 등에 메고, 엉금엉금 기어 거북이 흉내를 내는 놀이입니다. 거북이를 앞세우고 "동해 용왕의 아드님 거북이 행차시오!"라고 소리치며, 풍물패가 집집을 방문하여 대문을 들어서면서 문굿으로 시작하여 마당, 조왕_{부엌}, 장독대, 곳간, 마구간, 뒷간 그리고 마지막에는 대들보 밑에서 성주풀이를 합니다.

조왕에 가면 "빈 솥에다 맹물 붓고 불만 때도 밥이 가득, 밥이 가득!" 마구간에 가면 "새끼를 낳으면 열에 열 마리가 쑥쑥 빠지네!" 하면서 비나리를 하지요. 이렇게 집집이 돌 때 주인은 곡식이나 돈을 형편껏, 성의껏 내놓고 이것을 공동기금으로 잘 두었다가 마을의 큰일에 씁니다. 거북놀이는 풍물굿과 함께 한가위 때 하던 아름다운 세시풍속입니다.

중양절,
국화꽃으로 화전을 부처 먹는 명절

음력 9월 9일은 예로부터 중양절重陽節 또는 중구일重九日이라 했지요. 중양절은 양수 9가 두 번 겹친 날로 우리 겨레는 이날을 명절로 지냈습니다. 중구일重九日이라고도 부르는 중양절의 세시풍속으로는 등고登高가 있지요. 등고란 산수유 열매를 담은 주머니를 차고 산에 올라가 국화전을 먹고 국화주를 마시며 즐기는 풍습입니다. 이 세시풍속은 조선 말기 한양의 연중행사를 기록한 책《열양세시기洌陽歲時記》와 역시 조선 말기의 세시풍속집《동국세시기東國歲時記》에 기록되어 있습니다.

또 중양절에는 국화를 감상하거나 국화잎을 따다가 술을 담그고, 화전을 부쳐 먹기도 했습니다. 국화술은 그 향기가 매우 좋아 많은 사람이 즐겼는데, 가난한 사람들은 막걸리에 노란 국화를 띄워 마셨지요. 이밖에 추석 때 햇곡식으로 차례를 드리지 못한 집에서는 이날 차례를 지내기도 합니다.

제주도에서는 마마에 걸려 죽은 어린 여자아이 귀신인 명두의 생일이라 하여 큰 굿판을 벌였고, 경상남도 지방에서는 가을걷이가 끝난 논둑에 불을 놓았습니다. 또 봄에 담근 멸치젓을 이날 걸러 간장으로 쓰기도 하는 등의 풍속도 있었고요. 지금은 달력에서나 흔적을 찾을 수 있는 옛 명절이 되고 말았지만, 이날 이웃과 화전을 부쳐 먹고 잘 빚은 국화술 한 잔을 나누는 것은 어떨는지요.

초복·중복·말복,
뜨거운 먹거리가 잘 어울리는 날

잡절의 하나인 복伏은 24절기에나 명절에는 속하지 않지만 한국인이 여름철에 가장 잘 챙기는 절기 가운데 하나입니다. 초복, 중복, 말복은 각각 10일 간격으로 찾아옵니다. 초복이 되면 본격적인 더위가 시작되는 때이지요. 1614년광해군 6년 이수광이 펴낸 한국 최초의 백과사전《지봉유설》에 보면 복날을 "양기에 눌려 음기가 바닥에 엎드려 있는 날로 사람들이 더위에 지쳐 있을 때"라고 하였습니다.

'오행설'에 따르면 여름철은 '화'의 기운, 가을철은 '금'의 기운인데 가을의 '금' 기운이 땅으로 나오려다가 아직 '화'의 기운이 강렬하므로 일어서지 못하고, 엎드려 복종하는 때라는 것이지요. 그래서 엎드릴 '복伏' 자를 써서 '초복, 중복, 말복'이라고 합니다. 또, 최남선의《조선상식》에는 "서기제복"이라고 하여 복날을 더위 꺾는 날이라고도 풀이합니다. 흔히 복날은 삼계탕 같은 뜨거운 음식을 먹으며 열을 다스리는데 이를 이열치열以熱治熱이라 하지요.

예부터 더울 때 뜨거운 것을 먹는 것은 다 그 까닭이 있습니다. 여름이 되면 사람 몸은 외부의 높은 기온 때문에 체온이 올라가는 것을 막으려고 피부 근처에 다른 계절보다 20~30퍼센트 많은 양의 피가 모이게 된다고 합니다. 따라서 위장을 비롯하여 여러 장기는 피가 모자라게 되고 몸 안 온도가 떨어지는데, 이렇게 되면 식욕이 떨어지면서 만성피로가 몰려오고 이른바 여름을 타는 증세가 나타나기 쉽지요. 이때 덥다고 차가운 음식만 먹게 되면 배나 장기가 더욱 차가워져 건강이 나빠지게 됩니다. 그래서 따뜻한 음식을 먹거나 땀을 흘리며 일을 해서 장기를 보호해주는 것이지요. 더운 여름에 찬 것만 찾기보다는 예부터 내려오던 겨레의 슬기로운 뜨끈한 먹거리로 더위를 이겨내 보는 것은 어떨까요?

기질하던 어머니는
어디 계실까?

ⓒ 김영조, 2012

초판 1쇄 2012년 12월 10일 찍음
초판 1쇄 2012년 12월 17일 펴냄

지은이 | 김영조
펴낸이 | 강준우
기획 · 편집 | 김진원, 문형숙, 심장원, 이동국
디자인 | 이은혜, 최진영
마케팅 | 박상철, 이태준
인쇄 · 제본 | 대정인쇄공사

펴낸곳 | 인물과사상사
출판등록 | 제17-204호 1998년 3월 11일

주소 | (121-839) 서울시 마포구 서교동 392-4 삼양E&R빌딩 2층
전화 | 02-325-6364
팩스 | 02-474-1413
www.inmul.co.kr | insa@inmul.co.kr

ISBN   978-89-5906-227-0 03380
값 13,000원